Patrick Breitenbach | Nils Köbel

Wie ich wurde, wer ich bin,
und was wir einmal sein werden

W0345044

PATRICK BREITENBACH & NILS KÖBEL

WIE ICH WURDE, WER ICH BIN, UND WAS WIR EINMAL SEIN WERDEN

STREIFZÜGE DURCH DEN GARTEN DER PHILOSOPHIE

LÜBBE

Dieser Titel ist auch als E-Book erschienen.

MIX
Papier aus verantwortungsvollen Quellen
FSC
www.fsc.org
FSC® C014496

Originalausgabe

Dieses Werk wurde vermittelt durch die
AVA international GmbH Autoren- und Verlagsagentur, München.
www.ava-international.de

Copyright © 2016 by Bastei Lübbe AG, Köln

Textredaktion: Tobias Schumacher-Hernández
Umschlaggestaltung: Bürosüd, München
Umschlagmotiv: © Sven Sönnichsen und © Patrick Breitenbach
Illustrationen: Isabella Blatter
Mindmaps: Sven Sönnichsen
Satz: two-up, Düsseldorf
Gesetzt aus der DTL Albertina
Druck und Einband: GGP Media GmbH, Pößneck

Printed in Germany
ISBN 978-3-7857-2557-3

5 4 3 2 1

Sie finden uns im Internet unter: www.luebbe.de
Bitte beachten Sie auch: www.lesejury.de

Ein verlagsneues Buch kostet in Deutschland und Österreich jeweils überall dasselbe. Damit die kulturelle Vielfalt erhalten und für die Leser bezahlbar bleibt, gibt es die gesetzliche Buchpreisbindung. Ob im Internet, in der Großbuchhandlung, beim lokalen Buchhändler, im Dorf oder in der Großstadt – überall bekommen Sie Ihre verlagsneuen Bücher zum selben Preis.

Für Ilka Breitenbach,
die gemeinsam mit uns in zahlreichen abendfüllenden
Gesprächen dieses Buch hat mit entstehen lassen

INHALT

VORWORT

von Nadia S. Zaboura

Ach, Postmoderne! Wie schön, wie sinnerfüllt, wie vernünftig geht es endlich in unserer Welt zu – jetzt, da die Menschheit sich aus ihrer selbstverschuldeten Unmündigkeit befreien kann. Jetzt, da sie vernetzter, informierter und selbstbestimmter denn je leben darf. Denn ein kurzer Blick auf Hunderte Jahre Philosophie- und Geistesgeschichte genügt, um abzuleiten, wie sehr der Mensch nach dieser Freiheit, nach diesen »freundlichen Formen des Zusammenlebens« sinnt (Brecht). Und wie stark er nach einer Gesellschaft strebt, in der herrschaftsfreie Kommunikation nicht mehr bloß graue Habermas-Theorie ist, sondern Lebenswirklichkeit, durchdrungen von Pluralität, Freiheit und Toleranz. Eigentlich.

Doch unsere Zündschnur scheint kurz, unsere Geduld mit uns und mit anderen ein knappes Gut geworden. Denn auch das ist postmoderne Lebenswirklichkeit: Eine zunehmende Komplexität bindet unsere Aufmerksamkeit, die gesteigerte Beschleunigung zehrt an unseren Energien. Ein ideales Spielfeld für Vereinfacher und Verführer: Der Vielschichtigkeit unserer Zeit setzen sie vermeintlich einfache Antworten entgegen, kappen mit geführter Polarisierung echten Austausch und verleiten mit gezielter Provokation zu ungerichteter Aufgeregtheit, zu Ad-hoc-Hysterie – und im schlimmsten Fall zur Agitation. So funktioniert verbale Brandbeschleunigung.

Zum Glück gibt es ein Entschärfungskommando, das diese sozialen Sprengsätze mit wissenschaftlichem Fingerspitzengefühl und präziser Sprache analysiert und sie vor unser aller Augen –

Schritt für Schritt – dekonstruiert. Seit 4 Jahren bilden Dr. Nils Köbel und Patrick Breitenbach das »Soziopod«-Dream-Team. Fast 40 Folgen umfasst ihr preisgekrönter Podcast. Und es ist nur logisch, dass sie uns nicht nur dabei zuhören und zusehen, sondern mit diesem Buch erstmals auch mitlesen lassen, wie sie scheinbare Dogmen mit Leichtigkeit aushebeln und stattdessen Lust auf eigenes Denken machen.

Dazu entwickeln sie entlang von acht aufeinander aufbauenden Kapiteln eine Geschichte der Identität, Kultur und Gesellschaft. Und das liest sich erstaunlich lebendig und unterhaltsam: Ganz im Sinne eines Zwiegesprächs, eines echten Diskurses wird gefragt, erläutert, nachgehakt und belegt. Immer wieder greifen Köbel und Breitenbach dabei elegant auf Theorien zurück, um diese in kontemporären Zusammenhängen lebendig werden zu lassen: Geistesgrößen von George Herbert Mead und Sigmund Freud über Peter Bieri oder Jesper Juul bis hin zum schon genannten Jürgen Habermas kommen durch die beiden Autoren zu Wort, erweitern unseren Blick und unseren Horizont.

Gleichzeitig ist dieses Buch auch ein schönes Stück Erkenntnistheorie: Köbel und Breitenbach geben dem Leser fast beiläufig das Rüstzeug an die Hand, um Selbstreflexion zu lernen, um die Kunst der Argumentation zu üben und um die Kraft des kritischen Fragens zu studieren – eine Anleitung in sokratischer Lebenskunst. Denn um mit einer der einflussreichsten Philosophinnen unserer Zeit, Martha Nussbaum, zu schließen: Wer sich selbst (er-)kennt und selbstwirksam spürt, wer Handeln und Denken in Einklang bringt und wer über eine Vorstellungskraft und Empathie verfügt, die über das eigene Leben und die eigenen Ansichten hinausreicht, ist gewappnet vor Angst und Angstmachern. Beste Grundlagen also, um in einer pluralistischen Welt seinen Platz, seine Zugehörigkeit und seine Bestimmung zu kreieren.

In diesem Sinne: Sapere aude! *Nadia S. Zaboura*

TEIL 1 | ICH

KAPITEL 1 | MENSCH, WER BIN ICH?

Identität, Jugend, Subjektivität

Patrick Breitenbach: Wer bin ich eigentlich?

Nils Köbel: Wie bitte?

Patrick Breitenbach: Ich denke gerade darüber nach, wer ich eigentlich bin, also was mich als Person ausmacht. Woran man meine Identität festmachen kann. Was ist denn eigentlich diese I-den-ti-tät?

Nils Köbel: Jetzt verstehe ich deine Frage. Also gut, lass mich nachdenken.

Fangen wir doch so an: Die Psychologie und die Soziologie haben sich schon sehr lange mit dem Begriff Identität herumgeschlagen, und es gibt eine Definition, die ich eigentlich gar nicht schlecht finde, vor allem, weil sie so schön einfach ist.

Es handelt sich hierbei um ein Konzept, das sich anlehnt an Erik Erikson, einen Psychologen, der die gesamte Identitätsforschung sehr stark geprägt hat. Ein wichtiger Schüler Eriksons, Augusto Blasi, hat diese sehr einfache Definition formuliert. Er sagt: Identität ist die Antwort auf die Frage »Wer bin ich?«. Oder mehr noch: auf die Frage »Wer bin ich wirklich?«. Und die Antwort, die wir auf diese Frage geben, ist das, was unsere Identität ausmacht. Also eigentlich ganz einfach – oder aber auch ziemlich schwer.

Patrick Breitenbach: Gut, den Test können wir ja gleich mal machen. Wenn du mich jetzt fragen würdest, wer ich bin und wer du bist, dann würde ich sagen: Patrick Breitenbach und Nils Köbel. Aber das ist ja noch nicht Identität, oder?

Nils Köbel: Ein Name ist zwar wichtig, ein Name ist schon sehr viel. Aber da fehlt noch so einiges.

Patrick Breitenbach: So etwas wie »Was machst du eigentlich beruflich?«

Nils Köbel: Interessant. Daran sieht man schon, wie komplex die Antwort auf eine scheinbar so simple Frage sein kann, denn ich müsste, um dir eine angemessene Antwort zu geben, an dieser Stelle eine kurze Geschichte über mich selbst erzählen. Also: Ich habe Soziologie studiert und anschließend in Erziehungswissenschaften promoviert. Danach war ich Dozent in Frankfurt, Gießen und Köln und bin es Stand heute in Mainz. Und vielleicht schon wieder ganz woanders, wenn dieses Buch erschienen ist oder zehn Jahre später mal wieder aus dem Regal geholt wird. Und wie sieht es bei dir aus?

Patrick Breitenbach: Bei mir ist das vielleicht noch verzwickter. Ich habe mehrere Studiengänge begonnen, bin dann aber Mediendesigner geworden und arbeite heute sowohl als Berater für Unternehmen im Bereich digitaler Wandel, Marketing und Strategie, bin aber gleichzeitig auch Dozent an einer Hochschule, Buchautor, Podcaster, Blogger, Vortragsredner usw. Ich passe anscheinend nicht so einfach in eine berufliche Schublade, was natürlich deutlich die erzählerische Komponente erhöht. Ich erwische mich auch immer wieder dabei, dass ich, wenn man mir diese Frage stellt, erst mal eine lange Pause mache, um dann zu sagen: »Oohh, das ist ziemlich kompliziert.«

Nils Köbel: Aber wie du jetzt schon siehst, ist der Beruf sehr wichtig für unsere Vorstellung von Identität, da wir einen großen Teil unseres Lebens mit Erwerbsarbeit zubringen und uns stark über diese Tätigkeit definieren.

Patrick Breitenbach: Und oftmals beantworten sich dadurch auch so Fragen wie: Wo kommst du her?, Wie bist du aufgewachsen? und Welche Bildungserfahrungen bringst du mit? Was gibt es denn noch, das Identität ausmacht? Vielleicht so etwas wie der Familienstand?

Nils Köbel: Familie, sehr gut. Das sind schon die zentralen Orte, an denen Identitätsbildung stattfindet: Familie, Bildung und Heimat. Wo komme ich her? Wo gehe ich hin?

Patrick Breitenbach: Interessanterweise hängen diese Fragen ja unmittelbar mit dem beruflichen Weg zusammen. Ich bin zum Beispiel aufgewachsen in einer Arbeiterfamilie in einer industriell geprägten Stadt, hatte aber beispielsweise einen politisch interessierten und engagierten Opa, der extrem viel Wert auf Bildung gelegt hat und immer sehr viele Bücher um sich herum hatte, eine Werkstatt besaß und einen Garten, in dem ich mich austoben konnte. Und ich war Teil einer Familie, die Kreativität, Freiheit und Engagement eigentlich immer sehr gefördert hat. Gleichzeitig bin ich im deutschen Bildungssystem der Achtzigerjahre aufgewachsen, mir standen also im Vergleich zu Menschen aus anderen Ländern und Kulturen sehr viele Wege offen.

Nils Köbel: Und jetzt könnte ich dich natürlich im Anschluss nach deiner politischen Orientierung oder deinen religiösen Standpunkten fragen.

Patrick Breitenbach: Ja, und dabei merke ich sehr schnell, wie intim die Fragen nach Identität plötzlich werden und dass ich mir die Antworten auf diese Fragen hier auch eher verkneifen würde.

Nils Köbel: Genau. Und damit sind wir schon beim Kern. Erik Erikson würde sagen, dass Identität immer um bestimmte weltanschauliche Themenkomplexe kreist: politische Orientierung, Religiosität, Ethik, Sinnfragen, in denen wir Vergangenheit und Zukunft aufeinander beziehen und miteinander koordinieren. Das ist ganz zentral für die Beantwortung der Frage »Wer bin ich?«.

ERIK ERIKSON

1902–1994

Identitätsforscher, Psychoanalytiker

»Was nützt es dem Menschen, wenn er die Welt kennenlernt, aber nicht sich selbst?«

Patrick Breitenbach: Das heißt aber ja eigentlich, dass diese Frage eine Überfrage ist, die nur mit vielen verschiedenen Teilfragen wirklich beantwortet werden kann. Und somit auch niemals eindeutig auf den Punkt gebracht werden kann. Identität, oder die Frage nach Identität, ist also eine lebenslang anhaltende Auseinandersetzung, und zwar sowohl mit mir selbst, also die Selbstreflexion, wie auch in Beziehung zu anderen Menschen und deren Wahrnehmung von mir selbst. Identität erschließt sich immer aus Fragen, die wir oder die anderen uns im Leben stellen.

Wenn du mich zum Beispiel fragst: »Was ist Gott?«, dann sagt meine Antwort darauf mehr über mich und meine Identität als über den Gegenstand des lieben Gottes aus und ob es ihn oder sie wirklich gibt.

Nils Köbel: Genau, das sagt etwas über dich aus. So ist es mit allen weltanschaulichen Fragen und mit den Wertungen, die sich hinter vielen Antworten verbergen. Was ist gut? Was ist schlecht? Was ist böse? Das sind alles Fragen, deren Beantwortung viel über uns selbst verrät, weil sie mit den ganz großen Fragen verknüpft sind: Wer bin ich wirklich? Wer kann ich sein? Wer will ich sein?

Erik Erikson sagt, dass die Identitätsfrage vor allem im Jugendalter verstärkt aufkommt. Kinder können sie noch nicht ganz so gut beantworten. Sie würden wahrscheinlich ihren Namen sagen, vielleicht auch primäre Bezugspersonen in der Familie nennen, aber erst im Jugendalter, ab der Pubertät, wird es hinsichtlich der Identität ziemlich interessant, weil dann erstmals die Frage aufkommt: Wer bin ich wirklich?

Diese Frage ist mit der Sehnsucht verbunden, einzigartig und unverwechselbar zu sein. Anders zu sein, als ich von anderen gesehen werde. Anders zu sein, als meine Eltern oder meine Lehrer mich sehen. Mein Lehrer sieht mich zum Beispiel nur in der Rolle eines Schülers unter vielen. Ich aber möchte vielleicht einzigartig und unverwechselbar sein und setze ganz andere Prioritäten und möchte natürlich auch für diese wertgeschätzt werden.

Patrick Breitenbach: Zum Beispiel als Rebell oder Klassenclown, und genieße dafür die Aufmerksamkeit und Anerkennung meiner Mitschüler.

Nils Köbel: Wenn das passiert, dann nimmt die Suche nach dem »wahren Selbst« so richtig Fahrt auf. Deshalb ist das Jugendalter laut Erikson auch das Alter der Identitätssuche. Die Suche nach mir selbst hat begonnen.

Patrick Breitenbach: Hat man denn vorher als Kind keine echte Identität oder eine Art Selbstbewusstsein?

Nils Köbel: Doch, natürlich. Aber die Identität eines Kindes entspricht immer seinem Entwicklungsstand. Das Nachdenken über mich selbst entwickelt sich genauso, wie sich mein Denken generell im Laufe meines Lebens entwickelt.

Am Anfang ist das Denken sehr einfach, mit kleinen Bezügen, mit groben Strukturen, und es wird im Laufe der Entwicklung immer feiner und differenzierter. Die Frage »Wer bin ich?« können Kinder natürlich vor allem mit ihren einfachen Reflexionen, also auf ihren Namen und ihre Familie hin beantworten. Was hierfür das Grundlegende ist, wäre vielleicht das, was Philosophen Subjektivität nennen. Das ist die entscheidende Eigenschaft des Menschen, aus dem seine Identität hervorgeht.

Patrick Breitenbach: Den Begriff der Subjektivität musst du mir jetzt natürlich genauer erklären.

Nils Köbel: Ja, der ist fast noch schwieriger zu definieren als Identität. Ich will es mit Dieter Henrich versuchen, einem modernen Bewusstseinsphilosophen: Er sagt, dass Subjektivität in der grundlegenden Fähigkeit des Menschen besteht, ein Verhältnis zu sich selbst einnehmen zu können. Wir haben ein Bewusstsein davon, dass wir da sind. Wir können uns selbst anschauen, in uns selbst hineinforschen und mit uns selbst in einen Dialog treten.

Patrick Breitenbach: So etwas wie die Fähigkeit, sich selbst zu reflektieren? Sich wie in einem Spiegel zu betrachten, von außen und mit Abstand auf die eigenen Handlungen zu schauen und sie zu analysieren. Also welche Gefühle hatte ich in der und der Situation? Oder: Welcher Teil in mir hat mich so oder so auf diese oder jene Situation reagieren lassen?

Reflexion als Spiegel meines Selbst. So kann ich an mir zum Teil sogar ziemlich paradoxe Gefühlsregungen beobachten. Wenn zum Beispiel jemand in meinem Bekanntenkreis großen Erfolg mit der Umsetzung einer Idee hat, freue ich mich einerseits für ihn, aber andererseits bin ich vielleicht auch neidisch, dass ich so etwas bisher selbst nicht umsetzen konnte.

Nils Köbel: So ist es. Subjektivität ist also die Fähigkeit, in ein Verhältnis zu sich selbst treten zu können. Es ist das Vermögen, sich selbst so anschauen zu können, wie man auch eine andere Person betrachten kann. Und das gelingt eben nur, indem ich mich mit meinen Gefühlen und Gedanken auseinandersetze.

Diese Fähigkeit ist die Voraussetzung für die Entwicklung von Identität, weil sie die Voraussetzung dafür ist, diese entscheidende Frage stellen zu können: Wer bin ich eigentlich wirklich? Identität entsteht somit auf der Basis der grundlegenden Fähigkeit des Menschen, sich seiner selbst bewusst zu sein.

Patrick Breitenbach: Wie wichtig sind denn meine Mitmenschen, die mich tatsächlich von außen betrachten? Die haben ja vermutlich wieder eine ganz andere Perspektive auf mich. Welchen Einfluss haben die auf den gesamten Prozess meiner Identitätsentwicklung?

Nils Köbel: Das Umfeld ist für die Entstehung von Identität ganz zentral. Der einflussreiche Identitätsforscher George Herbert Mead hat den Aspekt hervorgehoben, dass Identität und soziale Beziehungen sehr eng miteinander zusammenhängen: Ich kann nur Identität aufbauen, wenn ich mit anderen Menschen zusammenlebe und im Zuge dessen Rollen- und Perspektivübernahmen einübe, damit ich mich selbst aus der Perspektive eines anderen sehen und verstehen kann.

Patrick Breitenbach: Hast du dafür vielleicht ein konkretes Beispiel?

Nils Köbel: Jede Rolle benötigt eine Art Gegenstück. Ein Arzt braucht einen Patienten, damit er überhaupt Arzt sein kann. So wie der Patient wirklich nur dann Patient ist, wenn er von einem Arzt behandelt wird. Oder ein Lehrer, der Schüler benötigt, um seine Rolle auszufüllen, und eben auch umgekehrt brauchen die Schüler für ihre Rolle den Lehrer.

Der Idealfall tritt dann ein, wenn beide Rollen passgenau aufeinander abgestimmt sind, also wenn der Patient akzeptiert, dass der Arzt die Therapie vorgibt, und der Schüler nach den Erwartungen des Lehrers agiert. Eine Krise entsteht übrigens immer dann, wenn einer der beiden Rollenträger den Erwartungen nicht entspricht und somit buchstäblich aus der Rolle fällt. Wenn zum Beispiel ein Schüler ständig den Unterricht stört oder sich dem Lehrer anders verweigert oder der Patient sich durch Dr. Google besser beraten fühlt.

Das alles entwickelt sich im Laufe des Lebens nach und nach. Kinder und Jugendliche können anhand des Verhaltens der anderen die Reaktion des sozialen Umfeldes auf ihr eigenes Handeln mit zunehmendem Alter immer genauer ablesen. Mit der Zeit entwickeln sie dadurch die Fähigkeit, die Rolle des anderen einnehmen und sich selbst aus fremder Perspektive betrachten zu können. Erst durch den Perspektivtausch mit anderen gewinnen Menschen ein Verhältnis zu sich selbst. Ich kann einfach keine Identität im stillen Kämmerlein entwickeln, sondern brauche dafür die Spiegelung anderer Personen.

Patrick Breitenbach: Das heißt aber, der Begriff des Ichs, wenn wir den jetzt mal mit Identität gleichsetzen, kann gar nichts Eigenständiges und Getrenntes sein. Die Trennung zwischen mir und der Welt ist also nur eine Art Illusion?

Nils Köbel: Genau. Es sieht so aus, als ob wir alle schon immer eine Identität gehabt hätten, aber Identität ist etwas, das sich entwickelt und entfaltet und das ohne den anderen überhaupt nicht auskommen kann.

Patrick Breitenbach: Identität kann sich also nicht aus sich selbst heraus entwickeln, sondern ich benötige immer jede Menge Daten, Informationen oder Input von außen. Identität braucht Futter und Feedback.

Nils Köbel: Heranwachsende brauchen vor allem Anerkennung, Vertrauen, Pflege und Fürsorge, damit sich ihre Persönlichkeit entfalten kann. Das ist die Voraussetzung dafür, die im Jugendalter aufkommende Frage »Wer bin ich?« konstruktiv bearbeiten zu können.

Patrick Breitenbach: Die Frage »Wer bin ich?« bezieht sich ja immer auf die Gegenwart. Aber interessant für Identität ist ja auch die Frage nach der zukünftigen Identität, also der Frage »Wer will ich sein?«. Gerade in der Pubertät stellen ja Jugendliche oft grundsätzliche Wertfragen und hinterfragen als wahr akzeptierte Grundsätze und Leitbilder.

Nils Köbel: Diese Fragen sind ebenfalls eng miteinander verbunden: Wo komme ich her? Wo gehe ich hin? Denn wir sind alle immer nur für einen Augenblick wir selbst in der Zeit. Ich bin in jedem Augenblick schon ein Gewesener und ein noch nicht Seiender. Auch jetzt in unserem Gespräch sind wir gleich schon wieder Vergangenheit. Und deshalb ist die Frage »Wer bin ich?« immer auch die Frage »Wer war ich?«, »Wer will ich sein?« und »Wie bin ich zu dem geworden, der ich jetzt bin?«.

Patrick Breitenbach: An der Stelle kann ja der Leser selbst mal ganz kurz innehalten und sich diese Fragen stellen.

Nils Köbel: Oder die Leserin.

Patrick Breitenbach: Wenn ich an »Wer bin ich?« denke, fällt mir natürlich sofort der gute alte Descartes ein mit seiner berühmten Formel, die vermutlich auf so manches Küchentuch gestickt worden ist: »Ich denke, also bin ich«. Was hat Descartes denn damit – schon weit vor Erikson – gemeint?

Nils Köbel: René Descartes ist derjenige Philosoph, der im 17. Jahrhundert erstmalig das Subjektthema in das Zentrum seiner Philosophie gestellt hat. Vor Descartes, vor allem im Mittelalter, stand die Frage nach Gott im Mittelpunkt des Philosophierens: Wie kann ich Gott beweisen, wie kann ich das Universum in seiner Ordnung beschreiben usw. Da gab es diese Frage »Wer bin ich wirklich?« natürlich auch schon, jedoch vermutlich ganz anders, als wir sie heute denken. Die Frage nach uns selbst hat sich stark verändert im Laufe der Geschichte.

RENÉ DESCARTES

1596–1650
Philosoph, Begründer der neuzeitlichen Philosophie

»Ich denke, also bin ich«

Früher war sie wahrscheinlich gar nicht so wichtig, weil die Gesellschaft sehr streng strukturiert war, sodass eine Person stets genau ihren Platz in der Welt kannte. Einem Handwerkersohn war klar, dass er den Betrieb seines Vaters übernimmt. Der Adel hat Macht und Herrschaft über Geburt und Vererbung an die jeweils nächste Generation weitergegeben. Jeder hatte einen relativ eindeutigen, gut sichtbaren und verstehbaren Platz in der Welt. Von daher war diese Frage vielleicht nicht so brennend, wie sie uns heute erscheint.

Patrick Breitenbach: Denn sie war ja ziemlich einfach zu beantworten. »Wer bist du?« – »Also ich bin der Sohn vom Schorsch-Karl, und ich bin Schmied. Genau wie mein Vater.« Punkt. Er wird ganz selbstverständlich Schmied sein. Und sein Sohn sollte den gleichen Weg, die gleiche Identität einschlagen.

Nils Köbel: Genau. Und man dachte, dass die Welt auch immer so sein wird, wie sie jetzt ist. Es gab klare Machtstrukturen: Kirche, König, Adel. Und die Frage, welche Identität ich sonst noch in dieser Welt haben könnte, stand einfach nicht zur Debatte.

Patrick Breitenbach: Das heißt doch eigentlich, dass die Frage nach dem »Wer kann ich noch sein?« nur dann interessant und am Ende auch komplex wird, wenn ich ein gewisses Maß an Freiheit und Angebote in der Wahl meiner Identität(en) habe.

Nils Köbel: So ist es. Die Frage stellt sich eigentlich erst dann, wenn ich überhaupt ernsthafte Alternativen zu meinem jetzigen Leben habe.

Patrick Breitenbach: In der Industrialisierung im 19. Jahrhundert ging es ja zum Teil auch noch ziemlich traditionell zu. Als Teil einer Arbeiterfamilie hatte man relativ wenig Zugang zu alternativen Identitäten. Wobei sich das Bürgertum erstmals mehr Macht erarbeiten konnte als der Adel und der Klerus.

Der nun einsetzende Kapitalismus hat auch neue Formen der Identität hervorgebracht. Etwa die Rolle des Fabrikbesitzers, der eben nicht zwangsläufig aus dem Adel stammen musste.

Und der nächste Quantensprung, was die Möglichkeiten von alternativen Identitäten angeht, fand wohl in der Postmoderne, dem anbrechenden Informationszeitalter, statt.

Durch soziokulturelle Veränderungen wie zum Beispiel durch neue Massenmedien konnte der Mensch plötzlich unfassbar viele Identitäten entdecken und damit auch einnehmen – wenn auch vielleicht nur virtuell in Rollenspielen oder in der Fantasie. Und die berühmte Erzählung »Vom Tellerwäscher zum Millionär« und das damit verbundene Befreiungsversprechen »Egal, wo ich herkomme, ich kann theoretisch aufsteigen, ich kann was anderes machen« haben sich vermutlich erst durch die modernen Massenmedien extrem verbreitet. In ganz vielen Medienformaten steckt diese Erzählung, dieses Narrativ drin. Von »Wer wird Millionär?« über »Deutschland sucht den Superstar« bis hin zu den modernen Geschichten rund um Aschenbrödel.

Nils Köbel: Du hast gerade das Bürgertum erwähnt, da möchte ich noch mal kurz einhaken. Gerade für das Bürgertum des 19. Jahrhunderts war Identität ein großes Thema. Das Ethos des Bürgertums bestand ja gerade in der Loslösung von der mechanischen Übertragung von Macht und Herrschaft über Stand und Geburt und in der Hinwendung zu Leistung und Bildung. Was kann ich aus mir machen, was kann ich werden, gemäß des Mottos: »Kannste was, biste was«.

Hier bildeten sich die ethischen Grundlagen für die moderne Frage »Wer bin ich eigentlich?« angesichts meiner Möglichkeiten, angesichts meiner Begrenztheit und meiner Pläne für mich selbst. So wurde Identität zum wesentlichen Thema des 19. und 20. Jahrhunderts, in denen sich allmählich Multioptionsgesellschaften entwickelten, wie man sie heute nennt.

Patrick Breitenbach: Das Fiese an »Kannste was, biste was« ist ja nicht die Frage »Wer bin ich?«, sondern »Bin ich auch wirklich gut genug?«.

Nils Köbel: Und diese Frage begleitet uns ständig. Das ist auch ein Problem heutiger Gesellschaften. Wann kann ich denn wirklich mal sagen »Es ist gut so, wie es ist«? Immanuel Kant konnte wohl noch mit letzter Kraft »Es ist gut« am Sterbebett postulieren. Das ist übrigens wohl nur ein Mythos, aber so kursiert diese Geschichte.

Heute wird das definitiv immer schwieriger, weil die Optionen zunehmen und die Welt sich so schnell verändert, dass ich schauen muss, ob ich eigentlich noch der bin, der ich sein will, oder ob ich mich selbst doch verändern oder anpassen oder noch mal grundlegender verwandeln soll, um diese Frage »Wer bin ich?« zumindest vorläufig beantworten zu können.

So hatte der Automechaniker vor 20 Jahren eine ganz andere Rolle und Aufgabe. Er machte die Motorhaube auf, konnte mit einem Blick sehen, was kaputt ist, und konnte mit einem Schraubenschlüssel das Fahrzeug reparieren. Heute nennt sich der Beruf Mechatroniker, und ohne Laptop kann er schon gar nicht mehr den Defekt erkennen, und auch sein Werkzeug ähnelt eher dem eines IT-Spezialisten.

Patrick Breitenbach: Hinzu kommt also, dass wir uns als eine Art sich entwickelndes Wesen begreifen, und in Entwicklung steckt ja implizit die Weiterentwicklung, also die Selbstoptimierung mit drin. Selbstoptimierung setzt aber auch voraus, dass wir Herr im eigenen Haus sind. Der Körper ist unser Tempel, und wir können mit genug Disziplin und Übung alles erreichen.

Jetzt gibt es natürlich in der Wissenschaft ganz viele unterschiedliche Disziplinen, die dem Menschen eigentlich diese Hoheit und Freiheit absprechen wollen. So gibt es biologische Theorien, die unsere genetischen Programme als extrem einflussreich betrachten. Vieles sei damit vorprogrammiert, z. B. Charakterzüge und damit auch wieder wichtige Teile unserer Identität.

Aus der Neurowissenschaft erfahren wir, dass die materiellen Strukturen im Gehirn nur beschädigt oder spezifisch von außen gereizt werden müssen, um auch Verhalten und damit Identitätsmerkmale zu beeinflussen. Dann gibt es neue Forschungen zu kiloweise Bakterienklumpen in unserem Körper, also Fremd-DNA, die mit uns in Symbiose leben, ohne die wir gar nicht richtig verdauen können, die aber gleichzeitig, so vermutet man, auch Auswirkungen auf unsere Stimmung und damit wieder auf Teile unserer Identität haben.

Damit stellt sich die Frage: Wer steuert uns und unsere Identität eigentlich wirklich?

Nils Köbel: Das ist eine interessante Frage! Descartes, den du vorhin ins Spiel gebracht hast, ging noch davon aus, dass wir so etwas wie eine zentrale Steuerungseinheit in uns haben. Es gibt ein Ich, das alles bestimmt, ähnlich einem Fahrer, der das Lenkrad in der Hand hält. Heute erkennt man immer mehr, dass es vermutlich keine solche Steuerungsinstanz gibt, sondern dass wir es mit einem System zu tun haben, das sich aus ganz vielen unterschiedlichen Faktoren und Funktionen zusammensetzt. Identität kann man nicht auf den Punkt bestimmen, nach dem Motto: Also hier, genau in diesem Teil des Gehirns, da sitzt das Ich!

Patrick Breitenbach: Und hinzu kommen dann noch Faktoren oder Substanzen, die unmittelbaren und mitunter sehr heftigen Einfluss auf mein Bewusstsein haben, wie zum Beispiel bestimmte Arten von Drogen. Indem Drogen meinen Bewusstseinszustand massiv verändern, verändern sie auch Teile meiner Identität. Tagsüber bin ich der schüchterne Typ, aber wenn ich abends meine drei Bier, meine Linie Koks oder meine Party-Pille intus habe, mutiere ich vielleicht plötzlich zum draufgängerischen, wortgewandten Superstar. Also eine richtige Identitätsverwandlung findet da statt, wenn auch mit zum Teil sehr gefährlichen Nach- und Nebenwirkungen.

Nils Köbel: Auch das soziale Feedback ist anders, wenn ich Drogen nehme. Ich werde anders bewertet und in meiner Identitätspräsentation anders wahrgenommen als im Normalzustand.

Patrick Breitenbach: Apropos Zuschreibungen und Beeinflussung von außen. Das bringt mich zu meiner Lieblingstheorie oder eher Denkschablone: die Meme.

Nils Köbel: Da musst du aber kurz zur Einführung erklären, was damit gemeint ist.

Patrick Breitenbach: Nehmen wir die Genetik. Also die Lehre von der genetischen Vererbung. Ich habe DNA, da drin stecken konkrete Bauanleitungen, die sich per Fortpflanzung kopieren. Und nun denken wir an etwas, das die gleiche Funktion erfüllt. Etwas, das ebenfalls Merkmale oder Verhaltensweisen oder Wissen generationsübergreifend überträgt, aber explizit nicht per Genetik. Zum Beispiel Modetrends, Sprache, Musik, Technologie, Kunst etc. Auch durch diese kulturellen Techniken werden Informationen, Ideen, Anleitungen und Verhaltensweisen über Generationen hinweg weitergegeben.

Richard Dawkins, ein Evolutionsbiologe, brachte nun in dem Zusammenhang den Begriff »Mem« ins Spiel. Meme sind nach Dawkins so etwas wie die (Über-)Träger von kulturellen Informationen, wobei die Übertragung nicht per körperlicher Fortpflanzung, sondern mittels Kommunikation und vor allem Imitation stattfindet.

Wie verbreitet sich Mode? Durch Imitation. Sprache? Genauso.

Und von diesen kulturellen Informationen, den Memen, sind wir ja ständig umgeben. Sie wirken daher auch permanent auf uns ein. Vor den Massenmedien waren die Anzahl und Vielfalt von Memen relativ überschaubar. So gab es im Dorf – außerhalb der eigenen Familienstruktur – nur wenige Autoritätspersonen wie Ärzte, Pfarrer oder Lehrer. Sie gaben den Ton an. Sie streuten Meme, die der Gemeinschaft erklärten, wie man miteinander bestmöglich umgeht, was wahr und was falsch ist.

Heute machst du den Fernseher an, guckst Videos auf Youtube und Facebook und hast Billionen von verschiedenen Botschaften, die auf dich einprasseln und dir mehr oder minder direkt oder indirekt sagen möchten, wie du am besten sein solltest, was du alles kannst und tun sollst.

Und wenn man das alles mal zusammennimmt und durchdenkt, kommt einem die eigene Identität fast schon ein bisschen wie ein Spielball vor, der eifrig hin und her geworfen wird.

So waren im Mittelalter einfach viel weniger Meme im Umlauf – und vor allem entwickelten sie sich nicht so rasend schnell. Es gab überschaubare Regeln für Religion, Sittlichkeit und daher auch wenige verschiedene Moden und Lebenswirklichkeiten und Spielarten. Heute gibt es fast täglich neue Trends und Hypes und dadurch auch sehr viele ethische Vorstellungen, die darum ringen, zur herrschenden Moral zu werden.

Nils Köbel: Es gibt so viele Erwartungen, so viele Reize, so viele Inputs, dass Identität als produktive Verarbeitung dieser Informationen sehr anspruchsvoll wird und uns viel abverlangt. Identität ist nie nur eine Einzeltatsache, sondern sie ist immer eingebunden in soziale Kommunikationsformen. Je komplexer diese Kommunikation ist, umso mehr muss ich mich mit scheinbaren Widersprüchen und unterschiedlichen Themen auseinandersetzen.

Ich muss mich bei unterschiedlichsten Impulsen, zum Beispiel angeregt durch Debatten in den Medien, ständig fragen: Wie will ich mich jetzt zu Salafismus verhalten? Welche Antwort will ich auf die Frage nach der Legitimität von Sterbehilfe geben? Und mit jeder Antwort gebe ich auch wieder einen Teil meiner Identität preis.

Patrick Breitenbach: Wenn es tatsächlich so ist, dass wir auf so viele Außenreize reagieren müssen, stellt sich ja schon die Frage: Wie unabhängig ist unsere Identität eigentlich? Wie frei ist das Ich? Wie viel habe ich eigentlich selbst noch in der Hand? Ich kann mir vorstellen, dass da die eine oder andere Kränkung für unser selbstbewusstes Ich dabei ist.

Nils Köbel: Die psychologische Kränkung schlechthin wurde von Sigmund Freud formuliert. Er sah die Menschen motiviert durch unbewusste Faktoren, durch Triebe, durch Begehrlichkeiten, die ihnen gar nicht bewusst sind. Freud brachte diese Einsicht auf die berühmte Formel: »Wir sind nicht Herr im eigenen Haus«. Das war eine wirkmächtige Kränkung, die im 19. und 20. Jahrhundert große Wellen der Verunsicherung schlug. Und heute sind es oftmals soziologische Kränkungen, die immer wieder das Selbstverständnis der Menschen erschüttern.

SIGMUND FREUD

1856–1939

Arzt und Psychologe, Begründer der modernen Psychoanalyse

»Wo Es war, soll Ich werden«

Patrick Breitenbach: Hast du ein Beispiel?

Nils Köbel: Man denke nur an die Milieustudien, die zeigen, wie abhängig wir von unserer sozialen Herkunft sind, und wie sehr die Bedingungen unseres Aufwachsens unsere Sprache, unser ganzes Ausdrucksverhalten prägen. Und die effektivsten Kränkungen stellen schließlich die Erkenntnisse der Hirnforschung dar: Du kannst irgendeinen Zellhaufen in mir aktivieren, und plötzlich habe ich Liebesgefühle oder empfinde Traurigkeit oder muss anfangen zu lachen usw.

Die materielle Gebundenheit unserer Identität wird dadurch ganz stark in den Vordergrund gestellt. Doch trotz dieser Kränkungen, die zeigen, in welcher Hinsicht wir nicht so frei sind, wie wir uns gerne sehen würden und wie wir uns fühlen, haben wir ein anscheinend unverwüstliches Bewusstsein unserer personalen Freiheit, das immer noch den Kern unserer Selbstdeutung ausmacht.

Patrick Breitenbach: Das mit der Freiheit und der Unfreiheit ist ja immer so eine Sache. Wenn ich zum Beispiel erkenne, die Medien beeinflussen mich immens in meinem Verhalten – von der Werbung bis zu den Terrormeldungen in den Nachrichten –, habe ich in dem Moment doch plötzlich eine neue Freiheit aufgedeckt, nämlich die Freiheit, meinen Medienkonsum bewusst steuern zu können. Das wird mir zwar nie hundertprozentig gelingen, aber ich kann mir aus der erkannten Unfreiheit heraus wieder ein Stückchen Freiheit zurückerobern.

Ähnliches erleben wir beim »Always On«-Phänomen, also dem Drang, in unserer digitalisierten Gesellschaft ständig erreichbar sein zu müssen. Wenn ich aber erkenne, dass diese permanente Erreichbarkeit mich in meiner Lebensgestaltung eher unfrei macht, kann ich aus dieser Erkenntnis heraus mein Handeln verändern und mir die Freiheit nehmen, das einfach mal abzuschalten. Erkenne die Unfreiheit und mache dich aus dieser Erkenntnis heraus wieder frei.

Nils Köbel: Auch die Medizin hat sehr viel dafür getan, dass wir freier werden. Wenn ich etwa an Depressionen leide, ist das nicht unbedingt mein endgültiges Schicksal. Ich kann versuchen, medikamentös oder psychotherapeutisch dagegen vorzugehen, um meine Freiheit wiederzuerlangen. Heute kann man Krankheiten besser behandeln, auch Schmerzen besser lindern und dadurch Freiheit zurückgewinnen.

Das sind zwei Seiten der Wissenschaft: Sie zeigt uns unsere Einschränkungen und ermöglicht uns oft gerade dadurch neue Freiheiten. Und eröffnet uns damit auch die Möglichkeit, ein Stück unserer Identität zu wählen: Entscheide ich mich für eine Therapie oder ergebe ich mich in mein scheinbares Schicksal?

Patrick Breitenbach: Jetzt wissen wir, dass wir weder völlig frei noch unfrei sind. Wir sind nicht isoliert, weder von Memen, Menschen, Gefühlen, Substanzen noch sonstigen Dingen im Universum. Wir brauchen für unsere Identität, so scheint es, eine dauerhafte Verbindung zu so etwas wie einem Datenstrom. Wir müssen irgendwo unseren Stecker reinstecken und sind dann verbunden mit einem gigantischen Informationsstrom, aus dem wir wiederum unsere Identität speisen, entwickeln und natürlich wieder zurückspielen als Imitationsvorlage. Andere können mich nachahmen, und gleichzeitig ahme ich in meiner Identität die anderen nach.

Nils Köbel: Wir sind im Grunde unser ganzes Leben lang vernetzt. Wir befinden uns immer in einem Feld, in dem wir soziale Rückmeldungen erhalten, die stets in unsere Persönlichkeit einfließen.

Patrick Breitenbach: Das geht ja tatsächlich so ein bisschen in die Richtung der Mem-Theorie von Richard Dawkins. Der hat in seinem Buch »Das egoistische Gen« geschrieben, dass der Mensch im Grunde genommen eigentlich nur ein Vehikel für seine Gene ist. Ein Vehikel, das dafür sorgt, dass sich genetische Informationen weitervererben. Er reduziert uns Menschen zu Kopiermaschinen der Gene und Meme. Er setzt den Wert der Information über den Wert des Informationsträgers. Könnte er damit ein bisschen recht haben?

Nils Köbel: Wir sind auch das. Es ist sicherlich eine mögliche Perspektive auf den Menschen.

Patrick Breitenbach: Wenn du jetzt quasi mal drei, vier Generationen von uns beiden zurückgehst ... Es wäre ja schon ganz spannend zu wissen, wie viel Nils, wie viel Patrick steckte bereits in unseren Ur-Ur-Großvätern? Sowohl genetische Merkmale wie Aussehen, aber auch memetische Wesenszüge wie beispielsweise ein Glaubens- oder Wertesystem. Wie viel hat sich wohl davon zu uns durch reproduziert? Es wäre interessant zu sehen, wie nah unsere Identität an der Identität unserer Vorfahren liegt.

Nils Köbel: Ja, dann sähe man sehr deutlich, wie verbunden wir miteinander sind. Aber es gibt auch immer wieder Mutationen, wenn man in diesem biologischen Bild bleibt.

Patrick Breitenbach: Absolut, es gibt Remixe.

Nils Köbel: Genau, Remixe. Und natürlich gibt es auch auf der Bewusstseinsebene Veränderungen. Ebenso in kulturgeschichtlichen Abläufen. So war es in der Antike vollkommen selbstverständlich, dass Menschen sich in Gladiatorenkämpfen gegenseitig vor Publikum niedergemetzelt haben oder Verurteilte öffentlich hingerichtet wurden. Heute wären solche Phänomene natürlich moralisch nicht akzeptiert. Ständig entstehen neue Ideen und somit neue Einstellungen und Wertbindungen.

Patrick Breitenbach: Oh ja, und vielen Menschen machen diese Neukombinationen, also die Remixe von Kultur, ziemlich große Angst.

Nils Köbel: Ja, daher wurde auch immer wieder versucht, diese Neuentstehungen sozial zu kontrollieren.

Patrick Breitenbach: All das steht vermutlich hinter Rassismus, Fremdenfeindlichkeit, Anti-Multikulti-Haltung. Es steckt immer ein wenig die Angst vor der Neuordnung von Kultur mit drin. Einer Vermischung von Kulturen und deren Werten. Das scheint die eigene Identität ins Wanken zu bringen.

Nils Köbel: Immer wieder gibt es unterschiedlichste Versuche, die eigene Kultur und das eigene Wertesystem von anderen abzuschotten. In extremer Form natürlich in Diktaturen und totalitären Systemen, wie wir sie auch heute noch sehen können. Je höher der Freiheitsgrad einer Gesellschaft ist, umso mehr Möglichkeiten der Veränderung gibt es. Je mehr Spielräume vorhanden sind, umso mehr können Subkulturen mit unterschiedlichen Bewertungen der Welt parallel existieren.

Patrick Breitenbach: Da stellt sich dann auch die spannende Frage: Wie viel Abgrenzung benötigt eigentlich eine Identität? Identität speist sich doch auch immer aus der Abgrenzung gegenüber den anderen. Ich bin Teil dieser oder jener Kultur, und damit muss ich mich von der fremden Kultur abwenden. Ja, sie zum Teil regelrecht ausgrenzen.

Nils Köbel: Abgrenzung ist tatsächlich für Identitätsbildungen konstitutiv. Der Psychologe René Spitz hat beobachtet, wann Kinder das entscheidende Wörtchen »Nein« artikulieren können. Gar nicht unbedingt als Wort, sondern vielleicht zunächst als Geste oder Mimik. Und das stellt für ihn den Beginn von Individualität und Identität dar, denn Kinder können dann ausdrücken: »Ich bin anders« oder »Ich habe andere Wünsche, die nicht mit deinen Wünschen konform gehen«. Und das Wort »Nein« beinhaltet dann bereits die Botschaft: »Ich bin ich, und ich bin nicht du, und du sollst mich respektieren in meiner Eigenart«. Und deshalb ist dieses »Nein« elementar wichtig für Identität, weil es eigentlich sagt: »Ich will, dass du mich anerkennst in meinen Bedürfnissen, die andere sind als deine und die andere sind als diejenigen, die du mir wünschst oder die du von mir erwartest«.

Patrick Breitenbach: Ist das dann so ein bisschen wie ein Raketenabwehrschild? Also die Identitätsmerkmale der anderen sind die Raketen von außen? Und da sagt man dann, ui, jetzt kommt die Rakete, du bist so und so, und ich sage »Nö, so bin ich nicht und will ich nicht sein« und – paff – wird die Identität abgewehrt?

Nils Köbel: Ja, Identität heißt schon zu sagen: »Ich bin ich« und das heißt, »Ich bin nicht du und ich will auch nicht du sein, sondern ich will ich sein«. Ich benötige in meiner Identität sowohl die Anerkennung als auch die Abgrenzung. Dieses Janusgesicht der Identität kann man ja besonders schön im Jugendalter sehen.

Patrick Breitenbach: Und ich glaube, das Problem ist auch gar nicht, dass ich sage: »Ich bin heterosexuell, und das ist gut so«, das Problem fängt ja erst dann an, wenn ich anderen ihre Identität vorschreiben will oder gar nicht erst zulasse oder respektiere, dass es andere Identitätsformen als meine gibt.

Nils Köbel: Deshalb sind Identitätsaussagen immer dann problematisch, wenn sie dazu neigen, übergriffig zu werden. Wenn ich beispielsweise sagen würde: »Ich will eigentlich, dass alle so sind wie ich, weil meine Lebensform die allerbeste ist«. Und es gibt andererseits auch riskante Identitätsfallen, wenn man etwa Menschen vorschnell etikettiert in dem Sinne: »Na ja, ich weiß ja, wie du bist«. Mit diesen »Aufklebern« engt man den Spielraum möglicher individueller Identitätsentwürfe ein.

In diesen Fällen kann der Wunsch nach einer klaren, eindeutigen Identität zu einem großen Konfliktherd werden. Das sieht man wiederum deutlich in der Pubertät, wenn Jugendliche ihre Identität präsentieren und damit auch, manchmal sogar ganz bewusst, Konflikte provozieren. Dann gibt es halt Knatsch und Krach. Sie üben eben noch.

Patrick Breitenbach: Gibt es eigentlich noch Theorien, die dem widersprechen?

Nils Köbel: Erik Erikson ist mit seiner Identitätskonzeption sehr einflussreich gewesen, aber es gibt natürlich unendlich viele andere Ansätze. Jedoch drehen sich im Grunde alle psychologischen und soziologischen Identitätstheorien ganz stark um dieses Verhältnis von Individuum, Gesellschaft und Kultur. Fast alle Identitätsforscherinnen und -forscher betonen das Verhältnis von Mitsein und Selbstsein, von Subjektivität und Umwelt, das im jeweiligen Zusammenspiel Identitätsbildung ermöglicht.

Patrick Breitenbach: Also gibt es keine eindeutige Antwort auf die Frage »Wer bin ich?«. Aber warum stellen wir uns diese Frage dennoch immer wieder?

Nils Köbel: Weil diese Frage ein Prozess ist, so wie das Leben selbst. Ich kann sie temporär beantworten, aber ich kann sie auch immer wieder revidieren. Man ist also nie »fertig« – auch irgendwie schön.

Patrick Breitenbach: Es ist also eher so ein Innehalten und Überprüfen?

Nils Köbel: Ja, genau. Identitätsbildung bedeutet immer, seinen Standpunkt zu überprüfen, sich zu fragen: Woran orientiere ich mich in meinem Wertesystem, welche Lebensaspekte sind für mich im Moment zentral? Diese Fragen bilden gewissermaßen ein ständig mitlaufendes Hintergrundprogramm, das prozesshaft Identitätsentwürfe abgleicht und überprüft. Und dieser Prozess soll auch nie zu Ende gehen, denn wenn dieses Programm nicht mehr gebraucht wird, hieße das, dass der Computer nicht mehr läuft und die Frage nach der eigenen Identität sich damit erledigt hätte.

Patrick Breitenbach: Es gibt eigentlich ganz viele Faktoren, die dazu führen, dass wir diese Frage gar nicht so richtig beantworten können. So kann ich beispielsweise nicht in deinen Kopf gucken, und erzählen kannst du mir ja viel, dennoch weiß ich nicht, ob es auch wirklich Teil deiner wahren Identität ist, denn du könntest mich jederzeit anlügen. Und selbst wenn nicht, erfahre ich durch diese Erzählungen immer nur Fragmente deiner Identität. Sie beschreiben nur Ausschnitte und nie das große Ganze. Das ist dann eher wie ein Image. So wie in der Werbung. Eine Art Versprechen. Und für einen selbst gilt natürlich das Gleiche. Weil der andere an mir vielleicht ganz andere Facetten wahrnimmt als ich selbst. Weil er mich aus einer völlig anderen Perspektive wahrnehmen kann, die ich so gar nicht einzunehmen vermag.

Nils Köbel: So ist es. Es gibt ja auch Eheleute, die nach ganz vielen Jahren des Zusammenlebens sagen können: »Du kennst mich fast besser als ich mich selbst«. Das zeigt, wie tief die Sozialität in unsere Identität hineinragen kann.

Patrick Breitenbach: Aber das ist doch eigentlich auch ein schönes Bild, dass die Vollkommenheit der eigenen Identität tatsächlich nur durch die Augen der anderen überhaupt möglich ist. Also nur in der gegenseitigen Interaktion, nur im Gespräch, in der Gemeinschaft, in der Beziehung, und oftmals reicht ein Blickkontakt oder ein Lächeln.

Nils Köbel: Ja. Das macht es aus.

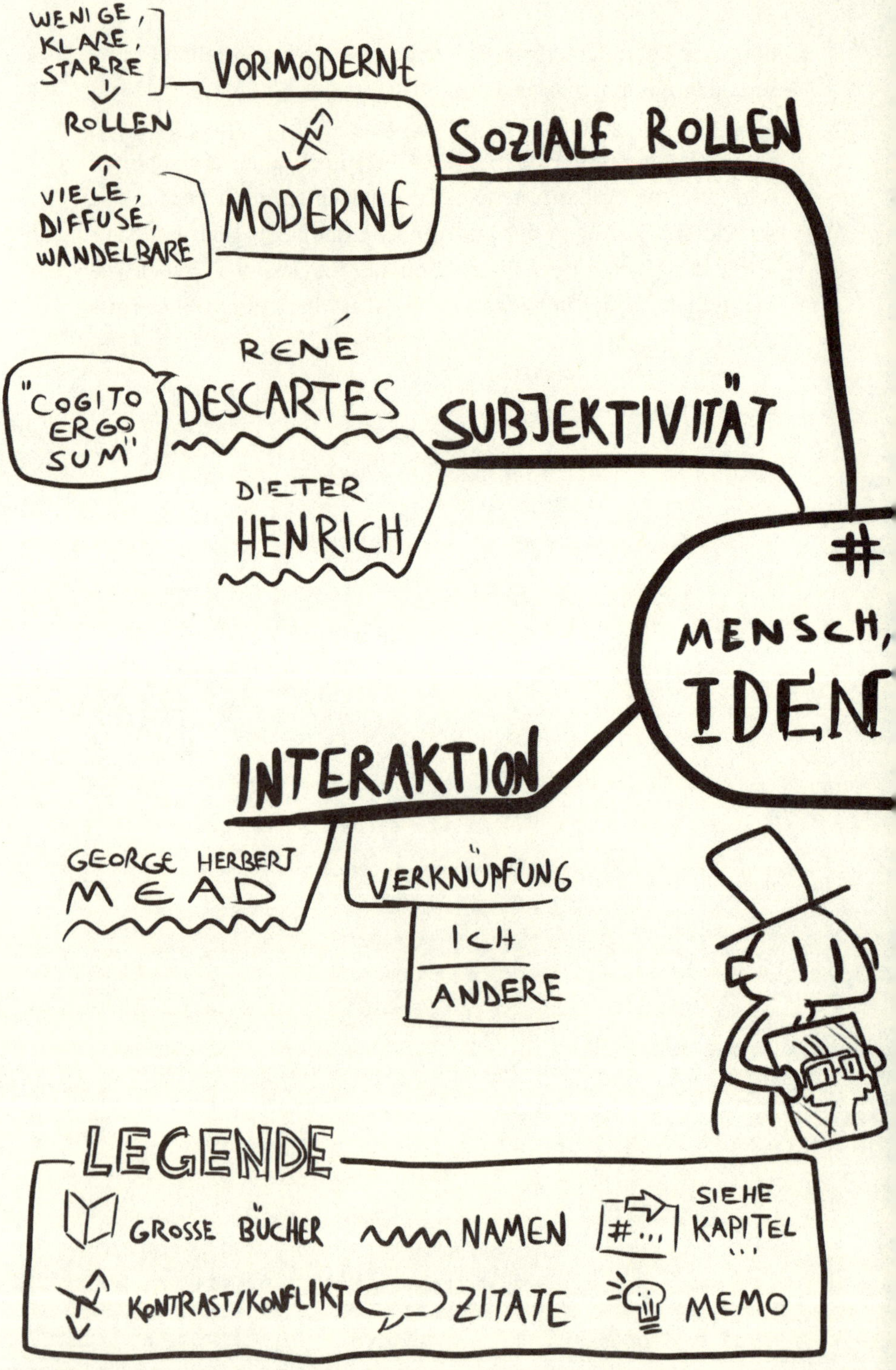

WENIGE, KLARE, STARRE
ROLLEN
VIELE, DIFFUSE, WANDELBARE
VORMODERNE
MODERNE
SOZIALE ROLLEN
RENÉ DESCARTES
"COGITO ERGO SUM"
SUBJEKTIVITÄT
DIETER HENRICH
#
MENSCH,
IDEN
INTERAKTION
GEORGE HERBERT MEAD
VERKNÜPFUNG
ICH
ANDERE
LEGENDE
GROSSE BÜCHER
NAMEN
#...
SIEHE KAPITEL ...
KONTRAST/KONFLIKT
ZITATE
MEMO

PARADIGMENWECHSEL
#3
≠3 GROSSE KRÄNKUNGEN
NEUROWISSENSCHAFT
BIOLOGISCH
RICHARD DAWKINS
SIGMUND FREUD
PSYCHOLOGISCH
#3,6,7
KRÄNKUNGEN
"WIR SIND NICHT HERR IM EIGENEN HAUS"
SOZIOLOGISCH
MILIEUSTUDIEN
IDENTITÄTSFORSCHUNG
AUGUSTO BLASI
ERIK ERIKSON
1
WER BIN ICH?
TITÄT
JUGEND
ANERKENNUNG
ABGRENZUNG
WANDEL
STARRHEIT
TRADITIONALISMUS
#5,#8
ICH BIN VOR ALLEM IMMER IM WANDEL
KEINE IDENTITÄT OHNE INTERAKTION

KAPITEL 2 | WER BESTIMMT EIGENTLICH, WER ICH BIN?

Erziehung, Sozialisation, Rollen, Geschlecht, Medien

Patrick Breitenbach: Jetzt haben wir sehr ausführlich über die Frage »Wer bin ich?« als wirkmächtige Schlüsselfrage zur eigenen Identität gesprochen. Identität ist irgendwie sehr flüssig und eigentlich gar nicht so richtig fassbar. Jetzt kommt natürlich daran angeknüpft die logische Folgefrage: Wie werde ich eigentlich zu dem, der ich bin? Was also sind die wichtigsten Stationen und Faktoren von Identitätsbildung? Welche Einflüsse kommen von außen? Was tragen wir schon in uns? Kann ich das überhaupt selbst in die Hand nehmen? Puh, wo fangen wir denn da am besten an?

Nils Köbel: Also ich glaube, da sollten wir auch mit einer Begriffsklärung beginnen. Es gibt nämlich drei große Theoriefamilien, die versuchen, die Entwicklung des Menschen zu beschreiben. Diese Theoriestränge kann man unterscheiden mit den Begriffen Sozialisation, Bildung und Erziehung. Das sind auch drei Grundbegriffe der Erziehungswissenschaft, die bestimmte Schwerpunkte in der Analyse von Entwicklungsprozessen bezeichnen.

Patrick Breitenbach: Also diese drei Begriffe zusammen ergeben Identität? Oder beschreiben sie nur unterschiedliche Aspekte davon?

Nils Köbel: Sie beschreiben erst mal generell, wie Menschen sich in Gesellschaften entwickeln, in Kulturen, in Gemeinschaften. Speziellere Theorien analysieren dann die Bildung von Identität im Jugend- und Erwachsenenalter.

Patrick Breitenbach: Greifen diese Theorien denn alle ineinander, oder widersprechen sie sich auch zum Teil?

Nils Köbel: Sie greifen ineinander, sie überlappen sich zum Teil und bedingen sich auch gegenseitig. Sie versuchen jedoch, Schwerpunkte in der Entwicklung herauszuarbeiten.

Patrick Breitenbach: Ich bin gespannt. Also lass uns doch einfach mit dem ersten Begriff, Sozialisation, anfangen.

Nils Köbel: Sozialisation ist der umfassendste Begriff und wird definiert als Prozess der Vergemeinschaftung und Vergesellschaftung von Individuen. Wenn Kinder geboren werden, können sie noch nicht sprechen, schreiben, lesen, sie haben noch keine Rolle als Schüler, Ehepartner oder Arbeitnehmer. Sie werden noch ganz von ihren Gefühlen und Impulsen gesteuert: Wenn sie Hunger haben, schreien sie, und wenn sie traurig sind auch.

Sozialisation beschreibt nun den Prozess, in dem Kinder und Jugendliche die Regeln, Normen und Werte einer Gesellschaft kennenlernen und bestimmte soziale Rollen einüben: Was heißt es, Schülerin zu sein, wie bewege ich mich sicher im Straßenverkehr, wie isst man anständig in einem Restaurant und vieles mehr. Das heißt, das Kind muss Stück für Stück lernen, wie es sich in seiner Gesellschaft bewegen kann, wie es handlungsfähig wird. Und das heißt vor allem, eine Sprache als zentrale Kulturtechnik zu lernen und verschiedene Handlungsroutinen auszubilden: alleine aufstehen, essen, schlafen, trinken, sich anziehen. All diese ganz selbstverständlichen Dinge müssen Menschen lernen. Und diesen umfassenden Lernprozess nennen wir Sozialisation.

Patrick Breitenbach: An dem Punkt würde ich gerne noch ein wenig kritisch hinterfragen. Du verwendest hier den Begriff Individuum. Ich stelle mir da gerade ein Baby vor, einen winzigen Säugling. Entstanden durch eine Verschmelzung, gereift im Mutterleib, also in einem anderen menschlichen Körper (das muss man sich erst mal so richtig bewusst machen), unmittelbar versorgt durch den Blutkreislauf der Mutter. Das ist eine extrem enge Verbindung. Und plötzlich geht es dann raus in die Welt. Der Schrei ertönt, die Nabelschnur wird gekappt – und dennoch ist das Neugeborene immer noch vollkommen gebunden. An die Mutter, an den Vater und jedwede Bezugsperson, die sich nun um das neue Leben kümmern muss. Aber ganz alleine, als Individuum, wäre der neue Erdling überhaupt nicht überlebensfähig. Findet eigentlich gerade in dieser sehr starken Bindung, in diesem »Eingebettetsein«, die stärkste und prägendste Form der Sozialisation statt?

Nils Köbel: Sozialisation beginnt im Grunde sogar bereits vor der Geburt, allein deshalb, weil werdende Eltern einen bestimmten sozialen Status haben und ganz unterschiedlich mit dem Verlauf einer Schwangerschaft umgehen. Das alles beeinflusst ja schon Entscheidungen vor der Geburt: wie ein Kinderzimmer vorbereitend eingerichtet wird, wie viele Verwandte unterstützend begleiten etc. Aber die meisten Sozialisationstheorien würden doch bei der Geburt eine Zäsur setzen und betonen, dass tatsächlich eine neue Lebensphase beginnt, in der das Kind in ein Sozialsystem hineinkommt. Das markiert den gravierendsten neuen Schritt im Leben: geboren und als Individuum von allen angeschaut werden zu können.

Patrick Breitenbach: Vielleicht wäre es an der Stelle interessant, mehr über den Begriff des Individuums zu erfahren. Wie ist der eigentlich entstanden?

Nils Köbel: Individuum kommt aus dem Lateinischen und bedeutet »unteilbare Einheit«, »Einzelding«, also etwas nicht weiter Aufteilbares. Soziologisch kann man natürlich diese Definition infrage stellen, weil ein Kind, das geboren wird, ist ja auch zusammengesetzt aus ganz verschiedenen Funktionsbereichen: biologisch, psychisch etc. Aber in der Sozialwissenschaft hat sich die Vorstellung durchgesetzt, dass ein Mensch an und für sich eine unteilbare Einheit darstellt.

Patrick Breitenbach: Das Interessante ist doch eigentlich: Ich werde hineingeworfen in eine Welt voller Beziehungen. Das heißt also, ich, das große Individuum, bin ständig in Beziehungen und damit eigentlich nie völlig abgetrennt von anderen Lebewesen. Der wissenschaftliche Begriff für diese Art der gegenseitigen Abhängigkeit lautet Interdependenz. Aber das Verrückte ist ja, ich, als kleines Individuum, bin nicht dazu in der Lage, in andere Lebewesen hineinzuschauen, um zu erkennen, was sie gerade denken und fühlen, obwohl ich so fest mit ihnen verbunden bin. Das heißt, ich, das Individuum, fühle mich sowohl getrennt als auch verbunden mit all den anderen Individuen oder Wesen, zu denen ich in Beziehung stehe. Das ist ja ein richtig schön kniffliger Widerspruch, oder?

Nils Köbel: Das wichtigste Medium, das wir zur Beziehungsaufnahme und -gestaltung verwenden, ist Sprache. Da wir nicht in die Gefühlswelt eines anderen Menschen direkt hineinschauen können, brauchen wir ein Symbolsystem, das wir gemeinsam benutzen und das wir als Brücke zwischen uns verwenden können. Menschen können durch das Erlernen einer Sprache in eine Kultur eingeführt werden und vielfältige Beziehungen zu anderen Menschen aufbauen. Dadurch werden sie soziale Wesen, die eine eigene, unverwechselbare Identität entwickeln können.

Dieser Prozess der Sozialisation beinhaltet übrigens nicht nur die Beziehungen zu Menschen. Auch die Umgebung, in der ein Kind aufwächst, die Straße, in der es wohnt, die Spielplätze, die Autos und Häuser, die es sieht, all das wirkt sozialisatorisch auf das Kind ein, weil die gesamte Umgebung voll von symbolischen Bedeutungen ist: Ein Spielplatz kann einladend und freundlich wirken, eine graue Häuserwand trostlos und ein rotes Feuerwehrauto spannend. So lange jedenfalls, bis die Sirene losgeht, dann wirkt es eher bedrohlich und angsteinflößend.

Patrick Breitenbach: Im Grunde genommen bilden vornehmlich kulturelle Praktiken der Vergangenheit meine Lebensumgebung, in der ich mich befinde. Also die Stadtarchitektur, die Generationen vor mir, all das Wissen und die Erkenntnisse in Büchern, das jeweilige Zeitgeschehen, die Sprache, das Essen, die Umgangsweisen, die Gesetzgebung usw. Und all diese »kulturellen Programme« sozialisieren uns?

Nils Köbel: Genau. Wir wachsen in unterschiedlichen Strukturen auf und werden mit unterschiedlichen Inhalten konfrontiert. Diese Strukturen und Inhalte sind Teil der Zivilisationsgeschichte, in die wir hinein geboren werden. Existenzphilosophen wie Martin Heidegger oder Karl Jaspers haben hierfür das schöne Wort des »Hineingeworfenseins« geprägt. Wir entscheiden uns nicht dafür, in welchen Teil der Welt oder in welche Familie wir geboren werden. Wir werden in diese Welt hineingeworfen und müssen uns als Individuen mit ihr auseinandersetzen.

Patrick Breitenbach: Ich glaube, ein ganz wichtiger Punkt an der Sache ist doch der: Es gibt bei Individuen nicht *die* Welt, sondern jedes Individuum lebt in seiner eigenen Welt, in und mit den Welten der anderen. Ich lebe ein Stück in deiner Welt und du ein Stück in meiner. Also das ist doch das Spannende. Die Welt im Ganzen ist niemals erfassbar, aber wir stellen uns unsere Welt, unsere Lebenswirklichkeit, oftmals als *die* eine Welt vor. Wir neigen sehr stark dazu, von unserer Welt auf die ganze Welt zu schließen, was de facto einfach nicht möglich ist.

Jede Familie bildet im Endeffekt schon eine kleine Welt für sich. Und dann gibt es übergeordnete Welten, die Nachbarschaft, die Dorfgemeinschaft, Vereine, Schule, Betrieb, Freundeskreis usw. Und jede Welt ist ein bisschen anders, obwohl sie alle in einem Land sind. Schaust du in verschiedene Städte und Gemeinden oder Bundesländer, merkst du, alles ist mehr oder weniger anders. Die Sprache ist anders, die Gebräuche und Rituale sind anders, die Traditionen, Denkweisen, Haltungen und Wertesysteme. Geht man jeden Sonntag in die Kirche oder hängt man zu der Zeit noch bei der After Hour im Club rum? Diese Welten sind mannigfach. Da gibt es nicht *die* eine Welt, in die ich reingeworfen werde, sondern eigentlich nur einen Teilausschnitt, eine bestimmte Lebenswirklichkeit. Dabei steht mir aber theoretisch die ganze Welt und alle möglichen Lebenswirklichkeiten zur Verfügung. Sofern ich den Zugang dazu erhalte. Das finde ich bemerkenswert.

Nils Köbel: Eine Grundfrage der Sozialisationsforschung war auch schon immer: Ist der Mensch eher Gestalter seiner Umwelt oder eher Produkt seiner Umwelt? Kann ich als Subjekt über meine Umwelt bestimmen, oder werde ich in meinem Denken und Fühlen ganz von äußeren Einflüssen geprägt? In der Forschung fasst man diese Fragen auch als das Anlage-Umwelt-Problem zusammen.

Nun haben psychologische und soziologische Theorien unterschiedliche Antworten auf diese Fragen geliefert, und hierbei zeigen sich vier große Theoriestränge: Endogenistische Theorien konzentrieren sich allein auf die Anlagen des Individuums. Wir entwickeln uns so, wie es in unseren Genen programmiert ist, und daran können weder wir noch unsere Eltern oder unsere Freunde etwas ändern.

Umgekehrt sehen exogenistische Theorien den Menschen als vollkommen von seiner Umwelt beeinflusst: Der Mensch ist ein leeres Gefäß, das durch Sozialisationsprozesse aufgefüllt wird und keinerlei Einfluss auf diese »Befüllung« hat.

Als dritte Theoriegruppe betonen Selbstgestaltungstheorien die Macht des Subjekts auf seine Umwelt: Wir sind alle Schmiede unseres eigenen Glücks und haben unsere Umwelt voll im Griff.

Als vierte und aktuellste Theoriefamilie versuchen schließlich interaktionistische Konzepte das Zusammenspiel unterschiedlicher Faktoren zu betrachten: Menschen entwickeln sich niemals unabhängig von ihren Prägungen und Einflüssen, können jedoch ihre Umgebung mitgestalten und freie Entscheidungen treffen.

Patrick Breitenbach: Als Fan des Konstruktivismus (über das Thema sprechen wir später noch) würde ich in diesem Sinne auch fragen: Muss es denn immer ein Entweder-oder sein? Weil eine Mischform natürlich auch möglich ist. Das Sowohl-als-auch.

Nils Köbel: Auch alle modernen Sozialisationstheorien sprechen heute von diesem interaktiven Sowohl-als-auch. Ein Kind verändert ja seine Familie ganz stark, wenn es auf die Welt kommt. Die Eltern passen ihre Handlungsroutinen an. Die ganzen bisherigen Lebensabläufe verändern sich radikal. Das heißt, Kinder haben von Geburt an allein schon durch ihre Existenz eine massive Auswirkung auf die bestehende Familie. Und genauso wirkt natürlich die familiäre Umwelt auch auf das Kind. Bereits hier sieht man, dass es einen stetigen Wechsel zwischen Subjekt und Umwelt, zwischen Beeinflussung und Beeinflusstwerden gibt.

Patrick Breitenbach: Und da taucht wieder der magische Schlüsselbegriff, das »Nein«, auf, über das wir im vorherigen Kapitel schon gesprochen haben. Die Fähigkeit, »Nein« zu sagen, um sich jederzeit aus einem scheinbar unausweichlichen Zwang auszuklinken. Das ist eigentlich ein bewusster Musterbruch, eben der feste Entschluss, nicht mehr Teil eines scheinbar alternativlosen Musters zu sein. Mich also nicht einfach nur treiben zu lassen, meine alten Prägungs- und Erziehungsprogramme abzuspulen, sondern mit diesem Begriff des »Nein« kann ich mich erstmals dem Schicksal entgegenstellen und kreativ Platz schaffen für etwas Neues. Zu sagen: »Nein, so möchte ich nicht mehr sein. Ich schlage jetzt einen anderen Weg ein.« Und dieser Weg wird interessanterweise zugleich eine neue Sozialisation für die nachkommenden Generationen, für meine Kinder und Enkelkinder. Durch dieses »Nein« zum bisherigen Muster zeigt sich dieses Sowohl-als-auch ganz wunderbar.

Nils Köbel: Vielleicht dazu kurz ein Zitat von Jesper Juul, dem berühmten dänischen Pädagogen. Er sagt: Wenn Kinder anfangen »Nein« zu sagen, heißt es eigentlich, dass sie »Ja« zu sich selbst sagen, also etwas von sich in die Welt hineinbringen und sich etwas oder jemandem entgegenstellen können. Daher sollen Eltern sich nicht ärgern, wenn ihre Kinder »Nein« sagen, weil sie dann nicht »Nein« zu den Eltern, sondern eher »Ja« zu sich selbst sagen.

Patrick Breitenbach: Wobei wir dazu sagen müssen, dass es mitunter Phasen und Situationen im Laufe des Lebens gibt, wo das »Nein« des Kindes oder des pubertierenden Jugendlichen einfach nur ein »Nein« um des Nein willens ist. Ein bisschen wie L'art pour l'art. Einfach nur, um einen Kontrapunkt zu setzen, ohne wirklich die Sache vernünftig durchdacht zu haben.

Nils Köbel: Ja, natürlich, das gibt es dann auch, weil dieses »Ja zu sich« auch in manchen Trotzsituationen ein Nein zu allem anderen werden kann. Das passiert ja auch bei uns Erwachsenen nicht selten. Aber diese Grundfähigkeit, »Ja« zu sich selbst und »Nein« zu etwas anderem sagen zu können, ist ein großer Entwicklungsschritt.

Patrick Breitenbach: Okay. Fassen wir zusammen. Sozialisation. Das Hineingeworfenwerden in eine Welt, die mich mit ihren Strukturen permanent beeinflusst, aber zugleich besitze ich auch die Macht, »Nein« zu sagen.

Wie verhält es sich denn mit dem Begriff der Erziehung in diesem Zusammenhang?

Nils Köbel: Er überschneidet sich in vielen Bereichen. Sozialisation bezeichnet die Summe der Beeinflussungen und Erwartungen, die von außen auf das Individuum zukommen. Erziehung meint demgegenüber die absichtsvolle, intentionale und zielgerichtete Beeinflussung von Kindern. Das heißt, Eltern erziehen, wenn sie bestimmte Werte und Normen bewusst an ihre Kinder weitergeben und zielgerichtet ihre Kinder beeinflussen wollen. Diese Intention ist das Wesen von Erziehung im Gegensatz zur Sozialisation, die alle sozialen Prägungen bezeichnet.

Patrick Breitenbach: Wenn die Kinder jetzt also aus der Kita kommen und sie plötzlich so nette Wörter beim Abendessen kundtun wie »die blöde ********«, und man denkt sich als Elternteil »What the f***?! Wo haben sie das denn jetzt aufgeschnappt? Hoffentlich nicht bei uns und, viel wichtiger, hoffentlich denkt niemand, dass das von uns kommt«. Das wäre bei diesem Beispiel (das Aufschnappen von Verhaltensweisen und Wörtern von Spielkameraden, aus dem Fernsehen oder wo auch immer) also Sozialisation. Aber das Eingreifen der Eltern an dem Punkt, also die Reaktion darauf, das Unterbinden oder einfach nur Thematisieren wäre dann Erziehung, oder? Ist Erziehung also so etwas wie der Versuch einer bewusst gesteuerten Sozialisation?

Nils Köbel: Perfektes Beispiel. Man könnte salopp sagen, Erziehung ist intentionale, gesteuerte Sozialisation. Der Versuch, gezielt zu sozialisieren. Ob das dann klappt, das ist eine andere Frage.

Patrick Breitenbach: Geht auch ein wenig in Richtung Manipulation.

Nils Köbel: Definitiv. Erziehung kann sehr manipulativ sein, das hängt natürlich ganz davon ab, wie man erzieht, manipulierend oder aufrichtig, vertrauensvoll oder strategisch. Die Erziehungsstilforschung betont, dass ein liebevoller, klarer und ehrlicher Umgang mit Kindern die besten Auswirkungen auf deren Entwicklung hat.

Patrick Breitenbach: Okay, dann gehen wir noch mal zurück zur Sozialisation. Da gibt es ja wieder ganz viele verschiedene Faktoren. Was ist denn da so das Gängige?

Nils Köbel: Also es gibt drei große Traditionen in der Sozialisationsforschung. Da ist einmal die tiefenpsychologische Sozialisationstheorie, die sich aus der Psychoanalyse heraus entwickelt hat. Sie untersucht, welche unbewussten Prägungen wir im Laufe unserer Kindheit erfahren und welche Kräfte in unserer Seele bei diesen Prozessen wirksam sind.

Die zweite große Forschungsrichtung bilden die Lerntheorien: Wie lernen Kinder bestimmte Regeln, bestimmte Normen, bestimmte Werte in sozialen Beziehungen?

Als dritte Theorie könnte man die Kognitionspsychologie anführen und hierbei besonders die sogenannte strukturgenetische Entwicklungspsychologie. Sie untersucht, wie sich das Denken von Kindern entwickelt: Wie entstehen die Einstellungen und Bewertungen, die wir über die Welt haben?

Als Beispiel für einen solchen Prozess könnte man die Beobachtung anführen, dass viele kleine Kinder zunächst alle Tiere als »Wauwaus« bezeichnen und erst allmählich bestimmte Gruppen und Klassen von Tieren feiner zu unterscheiden lernen. Das wären so klassische Theorien, die versuchen, den Prozess der Sozialisation zu beschreiben.

Patrick Breitenbach: Wobei die drei sich zum Teil sehr überschneiden und auch versuchen, sich so ein wenig voneinander abzugrenzen. So rein aus dem Bauch heraus würde ich sagen, dass Kognitionspsychologie eine Kombination aus Tiefenpsychologie und Lerntheorien ist.

Nils Köbel: So ist es. Kognitionspsychologie als eine sehr neue Forschungsrichtung versucht, möglichst integrativ zu sein. Sie ist auch die modernste Theorie in diesem Bereich, kann man, glaube ich, sagen.

Patrick Breitenbach: Da sollten wir noch ein bisschen mehr ins Detail gehen. Stichwort »Unbewusstes«, fangen wir vielleicht da mal an. Was ist das Unbewusste?

Nils Köbel: Also der Begründer der modernen Psychoanalyse, Sigmund Freud, einer der wichtigsten Psychologen des 20. Jahrhunderts, hat gesagt, dass die Psyche des Menschen aus drei Bereichen besteht, er nennt sie auch psychische Instanzen. Da ist zunächst die Instanz, die Freud ehrfurchtsvoll das »Es« nennt. Dieses Es repräsentiert die unbewussten Triebregungen des Menschen, seine ihm unbekannten Wünsche und Bedürfnisse, seine Begehrlichkeiten und seine tiefsten Ängste, die uns aus der Evolution bis in die Gegenwart begleiten. Alle Triebregungen unserer tierischen Vorfahren sind auch heute noch tief in uns aktiv. Und wir können diese Triebe nicht bewusst steuern.

Patrick Breitenbach: Es gibt ja diese indischen Yogis, die tatsächlich schon so etwas wie eine gewisse Kontrolle über Hunger, Durst und sonstige Triebe besitzen, eine Form der absoluten physischen Disziplinierung.

Nils Köbel: Ja, das geht wohl sogar, braucht aber sehr viel Übung und sehr viel psychische Kraft.

Patrick Breitenbach: Ich stelle mir das Es immer als Flugzeug vor, das auf Autopilot fliegt. Und manchmal übernehmen wir auch selbst – ganz bewusst – das Steuer.

Nils Köbel: Ja, ein Autopilot, der uns von der Evolution mitgegeben worden ist, der unter der Oberfläche liegt und dort arbeitet. Jetzt könnte man sagen: Okay, wäre ja ganz gut, dann könnten wir festhalten, wir sind einfach wie alle Tiere Teil der Evolution. Aber Freud betont auch, dass der Mensch eben nicht nur Triebe hat, sondern auch die Möglichkeit besitzt, sich selbst Regeln zu geben und eine Kultur, eine Zivilisation zu errichten.

Patrick Breitenbach: Noch mal ganz kurz: die Triebe. Wie kann man die in das Modell einordnen?

Nils Köbel: Die Triebe sind Teil des Unbewussten, repräsentiert im Es. Freud spricht vom Es, weil diese Instanz der Psyche nicht personal ist: Sie ist kein Ich, das spricht, und auch kein Du, das mich anspricht, sie ist etwas Unpersönliches, etwas Vorpersonales. Das Es ist ein natürliches, uraltes Programm, das in uns läuft und läuft und läuft.

Patrick Breitenbach: Schon fast etwas Göttliches?

Nils Köbel: Na ja, er würde sagen, es ist eine unglaublich mächtige Kraft, die über Jahrmillionen sich evolutionär entwickelt hat, unter deren Einfluss wir immer noch stehen, die ganz stark in uns arbeitet und von der wir uns auch nicht einfach loslösen können. Unsere Triebe sind ein Teil dieser Welt, die uns vorausgeht. Die schon da waren, bevor wir überhaupt die Bühne betreten haben.

Jedoch sagt Freud auch: Die andere Seite unseres Menschseins besteht in der Fähigkeit, uns moralische Regeln setzen zu können. Wir können bestimmte Gesetze aufstellen, wir können eine Kultur erschaffen, in der wir uns nicht mehr nur auf unsere triebgesteuerten Aspekte konzentrieren, sondern uns selbst beherrschen und disziplinieren. Deshalb bilden alle Kulturen und Gesellschaften bestimmte Regeln, Werte und Normen aus. Und diese Gebote werden durch Sozialisation Teil unseres psychischen Apparates. In ihrer Gesamtheit werden sie von Freud als die psychische Instanz des Über-Ichs bezeichnet. In diesem Teil unserer Psyche sind alle gesellschaftlichen Regeln, die wir im Laufe unserer Kindheit lernen, gespeichert.

Patrick Breitenbach: Wieso muss ich an dieser Stelle komischerweise an Adam und Eva denken?

Nils Köbel: Mit dem Baum der Erkenntnis und dem Paradies?

Patrick Breitenbach: Sagen wir mal so: Das Paradies war ein Zustand, wo im Grunde nichts hinterfragt werden musste. Mann und Frau waren nackt, ohne das Nacktsein weiter zu thematisieren. Es gab Essen, Trinken, Friede, Freude, Eierkuchen. Also eigentlich reines, pures und vor allem unbewertetes Es.

Nils Köbel: Könnte man sagen.

Patrick Breitenbach: Und dann ist da der komische Baum der Erkenntnis, mit diesen Früchten, die wir uns heute oft als Äpfel vorstellen, obwohl der Begriff »Apfel« in der Bibel ja witzigerweise gar nicht auftaucht. Und als die beiden die verbotenen Früchte gekostet haben, zack, das war der Moment, wo auch das Unbewusste bewusst, oder Teile des Unbewussten bewusst wurden. Ich erhalte Erkenntnis, also Bewusstsein, und fliege konsequenterweise aus der paradiesischen, unhinterfragten Welt. Mit Adam und Eva könnte die lange, anstrengende Feldarbeit der Aufklärung begonnen haben.

Nils Köbel: Ja, das stimmt. In der Geschichte heißt es ja auch, sie konnten fortan Gut und Böse voneinander unterscheiden. Und dann kam es zu diesem Sprung aus der Natur heraus, und es gab Moral, es gab Werte und damit verbunden ethische Probleme.

Der Philosoph Friedrich Wilhelm Joseph Schelling sagte: Im Menschen schlägt die Natur ihre Augen auf. Das heißt, durch die Fähigkeit, Selbstbewusstsein auszubilden, kann sich die Natur betrachten und an sich selbst Eigenschaften beobachten. Jedoch beginnen damit auch die Probleme, die wir als Menschen haben: Was sollen wir tun? Was ist das Richtige, was das Falsche? Wohin gehen wir, warum sind wir hier? Und mit diesen Gedanken kommen wir direkt zur letzten der drei Instanzen, dem »Ich«.

Das Ich repräsentiert genau dieses Bewusstsein des Menschen, das wir verwenden, wenn wir sprechen, wenn wir denken, wenn wir intentional, also mit einer konkreten Absicht handeln. Und dieses Ich hat nun die Aufgabe, zwischen diesen beiden Kontrahenten zu vermitteln, zwischen den Wünschen und Bedürfnissen des Es und den Regeln und Verboten der Gesellschaft, die im Über-Ich abgespeichert sind. Das Ich versucht, beides in Einklang zu bringen und auszubalancieren. Der Mensch ist in diesem Sinne ein Wesen, das ähnlich einem Diplomaten stetig zwischen seinen Trieben und sozialen Normen vermitteln muss.

Patrick Breitenbach: Diese Regeln wurden ja auch immer von triebgesteuerten Menschen formuliert. Wer weiß, wie viel Triebanteil heute noch in den Regeln steckt. Damit steht auch immer die Frage nach dem jeweiligen Interesse im Raum. Wer bestimmt denn eigentlich die Regeln? Und aus welchem Interesse heraus sind diese Regeln entstanden? Für mich ist da schon die spannende Frage, ob man das wirklich so trennen kann. Also ob wir nicht gewissen Dingen da eine Rationalität zuschreiben, obwohl eigentlich ein versteckter Trieb dahintersteckt.

Nils Köbel: Ja, das gibt es oft. Das würde Freud sofort zugestehen und sagen, dass Menschen oft glauben, bewusst zu handeln, obwohl sie eigentlich von unbewussten Trieben gesteuert werden. Freud nennt dies Rationalisierung. Ich verschiebe ständig meinen Zahnarzttermin, weil mir immer etwas dazwischenkommt, jedoch habe ich in Wirklichkeit Angst vorm Zahnarztstuhl.

Patrick Breitenbach: Aber wie steht denn Freud zu den Trieben? Sind sie gut, sind sie schlecht? Was sollen wir mit ihnen machen?

Nils Köbel: Freud sagt, Triebe sind Triebe, sie sind weder gut noch schlecht, sondern befinden sich jenseits unserer Bewertungen, so wie Naturgewalten. Jedoch setzt Freud in seiner therapeutischen Arbeit auf die Bewusstwerdung von unbewussten Motiven und Wünschen. Wenn ich weiß, welche Bedürfnisse mein Handeln wirklich bestimmen, kann ich reflektierter mit mir und anderen Menschen umgehen. Ich kann dann meine Gefühle und Gedanken besser verstehen. Freud prägte hierfür den berühmt gewordenen Satz: »Aus Es soll Ich werden.«

Patrick Breitenbach: Was ist denn dann der explizite Vorteil vom Bewusstsein? Evolution läuft ja sowieso munter weiter. Natur ist da, wenn die Triebe da sind, also diese Triebe hatten ja gerade die Funktion, damit es immer weiter und weiter und weiter geht. Was war dann der entscheidende Punkt beim Menschen, wo er gesagt hat: »Mensch, jetzt müssen wir aber mal unsere Triebe ein bisschen in den Griff bekommen«?

Nils Köbel: Der entscheidende Punkt beim Menschen ist, dass er seine Entwicklung – wenn auch nur in Grenzen – zunehmend selbst beeinflussen kann. Er ist nicht mehr nur Teil von Triebströmungen, sondern er kann durch Zivilisation und Kultur sich selbst eine Welt schaffen.

Patrick Breitenbach: Er wird verantwortlich für das, was er tut.

Nils Köbel: So ist es. Verantwortung kommt dann mit dem Bewusstsein ins Spiel. Tiere können deshalb auch nicht verantwortlich gemacht werden für das, was sie tun, aber Menschen schon. Und Freud hat gesagt: Je mehr wir uns darüber klar werden, auch über die unbewussten Anteile in uns selbst, desto größer ist unsere Chance, uns als gesamte Menschheit vernünftig und produktiv entwickeln zu können.

Patrick Breitenbach: Gut, dann haben wir einigermaßen die tiefenpsychologischen Aspekte betrachtet. Kommen wir nun zur zweiten wichtigen Perspektive der Identität. Das waren die Lerntheorien.

Nils Köbel: Lerntheoretische Sozialisationstheorien nehmen eine ganz andere Perspektive auf die Persönlichkeitsentwicklung von Menschen ein. Sie lassen die Fragen nach Trieb und Bewusstsein zunächst außen vor und betrachten nur das konkrete Verhalten von Menschen.

Einer der Begründer der modernen Lerntheorie ist der russische Mediziner Iwan Petrowitsch Pawlow, der ein sehr berühmtes Hunde-Experiment durchgeführt hat. Er hat zunächst beobachtet, dass sein Hund Speichelfluss entwickelt, wenn er ihm sein Futter bringt. Pawlow hat nun vor jeder Fütterung eine Glocke klingeln lassen und machte eine sensationelle Entdeckung. Nach einiger Zeit entwickelte der Hund auch dann Speichelfluss, wenn nur die Glocke erklingt, ohne dass das Futter angeboten wird. Auf diese Weise konnte Pawlow zeigen, dass ein neutraler Reiz (Glocke) mit einer spezifischen Reaktion (Speichelfluss) verbunden werden kann.

Dieses seltsame Experiment, das als »Pawlowscher Hund« in die Wissenschaftsgeschichte eingegangen ist, hat tatsächlich die Psychologie revolutioniert, man glaubt es kaum. Denn nun war klar, dass bei höheren Lebewesen Reize und Reaktionen auf vielfältigste Weise miteinander gekoppelt werden können. Mit dem hierfür erfundenen Begriff der Konditionierung war die moderne Lerntheorie geboren.

Verhaltensforscher unterschiedlichster Couleur machten sich daran, Gesetzmäßigkeiten des Lernens zu erforschen. Man fand heraus, dass neben Reiz-Reaktions-Koppelungen Verhaltensweisen vor allem durch Belohnung und Bestrafung verstärkt bzw. gelöscht werden können.

Diese Theorie gipfelte dann im sogenannten Behaviorismus, der gesagt hat, dass die Persönlichkeit eines Menschen die Summe seiner Lernerfahrungen ist. Er wird demnach als unbeschriebenes Blatt geboren und lernt nach und nach bestimmte Verhaltensweisen. Wie ein Tonklumpen, der getöpfert wird.

Patrick Breitenbach: Übrigens ist der Fachbegriff für Speicheln »salvieren«. Finde das ein ganz wunderbares Wort.

Nils Köbel: Man will ja nicht »sabbern« sagen.

Patrick Breitenbach: Zu Pawlow fällt mir übrigens eine nette Geschichte ein, und zwar erzählte die mal der Philosoph und Physiker Heinz von Foerster in einem seiner Interviews: »Ein polnischer Experimentalpsychologe hat gesagt, der Pawlow hat alles so wunderbar aufgeschrieben, wir können dieses Nobelpreis-Experiment jetzt wiederholen. So: Hund, großes Fenster hier, kleines Fenster da, Assistent kommt herein mit Fleisch, läutet die Glocke, das hat alles wunderbar funktioniert. Und jetzt kommt das experimentum crucis: wo der Assistent reinkommt und nur mit der Glocke läutet. Konorski, der Experimentator, hat heimlich, ohne dem Assistenten etwas zu sagen, den Klöppel aus der Glocke genommen. Also, der Assistent kommt rein, schwingt die Glocke und: stumm. Der Hund salviert! Also hat Konorski gesagt: Dieses Klingeln war ein Reiz für Pawlow und nicht für den Hund! Und leider muss ich Ihnen sagen: Konorski hat dafür nicht den Nobelpreis bekommen!«

HEINZ VON FOERSTER

1911–2002
Konstruktivistischer Philosoph und Physiker

»Wahrheit ist die Erfindung eines Lügners«

Nils Köbel: Konditionierung ist ein wichtiges Element unseres Aufwachsens, aber es ist natürlich nicht das einzige, wie der Behaviorismus suggerierte.

Patrick Breitenbach: Diese Sichtweise stellte auch eine große Gefahr dar, wenn wir uns den historischen Kontext bewusst machen. Der Behaviorismus entstand im Übergang vom 19. zum 20. Jahrhundert. Das unterstützt ja extreme Ausformungen, die im Faschismus aufkamen, nach dem Motto: Wir können den Übermenschen auch ein Stück weit selber formen. Wie geht dieser berühmte Satz: Gib mir einen Menschen, und ich mache aus ihm, was ich will.

Nils Köbel: Genau. John B. Watson, ebenfalls ein Verfechter der Konditionierung, hat einmal gesagt: Gebt mir ein Dutzend gesunde, gut gebaute Kinder und meine eigene spezifizierte Welt, um sie darin großzuziehen, und ich garantiere, dass ich irgendeines aufs Geratewohl herausnehme und es so erziehe, dass es irgendein beliebiger Spezialist wird, zu dem ich es erwählen könnte – Arzt, Jurist, Künstler, Kaufmann, ja sogar Bettler und Dieb, ungeachtet seiner Talente, Neigungen, Absichten, Fähigkeiten und Herkunft seiner Vorfahren.

Patrick Breitenbach: Die klassische Konditionierung war sozusagen nur der erste Aufschlag der Lerntheorien. Da muss man ein wenig aufpassen, dass man von ihr nicht auf das gesamte menschliche Lernen schließt, denn diese Form hat ja ganz klare Grenzen und Probleme.

Welche Lerntheorien gibt es denn noch so?

Nils Köbel: Die Lerntheorien wurden dann durch die Erkenntnisse der Entwicklungspsychologie erweitert, man spricht hierbei von der »kognitiven Wende«. Dies würde auch den Übergang zu dem dritten Bereich der Sozialisationstheorien markieren.

Psychologen und Soziologen haben sich nun stärker den Denkstrukturen zugewandt, die gewissermaßen zwischen den äußeren Reizen und den Verhaltensreaktionen stehen, das heißt den Wahrnehmungs-, Bewertungs- und Verarbeitungsformen, die unser Bild von der Welt bestimmen. Maßgeblich waren hierbei die Arbeiten des Schweizer Entwicklungspsychologen Jean Piaget, der erkannte, dass sich bei Kindern bestimmte Schemata des Denkens stufenförmig entwickeln.

Säuglinge begreifen die Welt zunächst sensomotorisch, indem sie Dinge sehen, riechen und anfassen können. Je weiter sich das Denken bei Kindern nun entwickelt, desto mehr können sie sich von den konkreten Dingen entfernen und beginnen hypothetisch zu denken. Sie können sich in ihrem Geist etwas vorstellen, ohne es direkt sehen zu müssen. So können Kinder sich ab einem bestimmten Alter die Mutter vorstellen und sie in ihrem Geist vergegenwärtigen, auch wenn sie mal nicht da ist. Ebenso wissen Kinder, was passiert, wenn sie die Wasserflasche vom Tisch stoßen, ohne es ausprobieren und beobachten zu müssen. Sie wissen, wie etwas ist, weil sie es sich vorstellen können.

JEAN PIAGET

1896–1980
Entwicklungspsychologe

»Was man einem Kind beibringt, kann es nicht mehr selber entdecken«

Piaget war deshalb auch ein Vorläufer des Konstruktivismus, der dich so interessiert. Er hat gesagt, dass unsere Welt nicht die objektive Wirklichkeit ist, sondern eine Konstruktion, die wir mithilfe unseres Denkens in uns herstellen und in uns präsent halten können. Wir bauen die Welt in unserem Geist erneut auf. Und Piaget betont, dass die Welt, wie wir sie sehen, viel bunter und reichhaltiger ist, als sie ohne unsere Verarbeitungen wäre, weil wir uns in unserem Denken gewissermaßen mit der Welt verbinden und sie damit bereichern.

Die entwicklungspsychologischen Sozialisationstheorien stellen daher stets die Frage: Wie bewerten Menschen eigentlich die Welt? Wie denken sie über die Welt? Welche Urteile fällen sie über diese Welt? Dies hat nämlich massive Auswirkungen auf unser Handeln: Wenn ich etwas als Bedrohung bewerte, werde ich kämpfen oder flüchten, und wenn ich etwas als vertrauenswürdig oder interessant beurteile, werde ich mich natürlich ganz anders verhalten.

Patrick Breitenbach: An dem Punkt wäre mir noch wichtig zu erwähnen, dass der Mensch in der Lage ist, Gedankenexperimente zu machen, und somit Szenarien simulieren kann. Die Kunst ist voll von dieser Fähigkeit. Also beispielsweise das Drama, als Simulation von meist problematischen, konfliktreichen Beziehungen. Das ist dann nicht nur ein Werkzeug der Unterhaltung, sondern es hilft Menschen dabei, sich in eine Situation hineinzuversetzen und in einem geschützten Raum die jeweilige Situation zu durchleben.

Das finde ich ganz wichtig im Zusammenhang mit Evolution und Bildung. Wir könnten uns vermutlich gar nicht in der Form weiterentwickeln, wenn wir diese Fähigkeit zur Simulation nicht hätten. Wir müssten immer wieder die gleichen dummen Fehler begehen. Wir würden permanent auf der Stelle treten.

Nils Köbel: Genau.

Patrick Breitenbach: Ich habe ja einen persönlichen Lieblingslerntheoretiker: Albert Bandura. Kannst du zu dem auch noch etwas sagen?

Nils Köbel: Bandura ist der Hauptvertreter derjenigen Lerntheorie, die Modell- und Beobachtungslernen betont. Er hat vor allem bei seinen Studien zur Entstehung von gewalttätigem Verhalten beobachtet, dass Kinder sich sehr oft an Vorbildern orientieren und diese imitieren.

Auch hier gibt es ein sehr interessantes Experiment: Ein Junge sieht zu, wie eine erwachsene Frau eine Puppe schlägt und beleidigt. Nach dieser Beobachtung wird der Junge in den Raum mit der Puppe geführt und beginnt auch, die Puppe zu malträtieren. Er hat das beobachtete Verhalten nachgeahmt.

Patrick Breitenbach: Wobei sehr wichtig zu erwähnen ist, dass nicht jedes Vorbild gleich stark abfärbt. Man kann sich seine Vorbilder schon aussuchen, bzw. einige Vorbilder wirken stärker als andere, oder?

Nils Köbel: Bandura hat in seinen weiteren Untersuchungen erkannt, dass Kinder und Jugendliche besonders das Verhalten von Personen nachahmen, die sie schätzen und bewundern. Ein Vorgang, der natürlich medial sehr genutzt wird, wenn etwa Popstars zu Verhaltensvorbildern für Heranwachsende werden.

Patrick Breitenbach: Jetzt haben wir mal die drei großen Stränge der psychologischen Sozialisationsforschung skizziert. Haben wir in diesem Zusammenhang noch irgendetwas Wichtiges vergessen?

Nils Köbel: Die eher soziologisch orientierten Sozialisationstheorien versuchten dann, diese psychologischen Grundmodelle aufzunehmen und sie mit sozialwissenschaftlichen und philosophischen Theorien zu verbinden:

Als bedeutender Vertreter einer solchen Forschungsrichtung hat Jürgen Habermas die Psychoanalyse Freuds und das Entwicklungsmodell von Jean Piaget aufgegriffen und mit soziologischen und philosophischen Konzepten zu einer umfassenden Sozialisationstheorie weiterentwickelt. Er untersucht in diesem Zusammenhang, welche Freiräume Menschen in unterschiedlichen Gesellschaftsformen für ihre Identitätsentwicklung haben.

Er betont, dass Menschen in modernen Gesellschaften die Chance haben, eine »Ich-Identität« zu entwickeln, das heißt, sich einen Beruf und einen Lebensentwurf aussuchen zu können, der ihnen nicht von der Gesellschaft übergestülpt wurde. Der Sohn eines Bäckers muss eben nicht mehr unbedingt den Beruf seines Vaters ergreifen, sondern kann aus vielen Möglichkeiten wählen. Das bedeutet aber auch, dass er wählen *muss*, weil ihm diese Entscheidung niemand mehr abnimmt.

JÜRGEN HABERMAS

1929

Philosoph, Soziologe, moderner Vertreter der »Frankfurter Schule«

»Diskurse herrschen nicht«

Patrick Breitenbach: Jetzt gibt es ja einige Faktoren und Parameter, die im Bereich der Sozialisierung eine Rolle spielen. Ich werfe jetzt einfach mal einen in den Ring: Geschlecht. Kannst du das jetzt mal mit den drei Strängen durchspielen?

Nils Köbel: Na klar. Also was würde die Psychoanalyse zur Geschlechtsidentitätsentwicklung sagen? Freud hat die Theorie aufgestellt, dass es im Alter von vier bis fünf Jahren bei Kindern zu dem legendären »Ödipuskomplex« kommt. Kinder entdecken in diesem Alter den Unterschied zwischen Mann und Frau und wollen ihre eigene Geschlechtlichkeit in die Beziehung zwischen Vater und Mutter einbringen. Es kommt zum berühmten Drama: Der Sohn begehrt seine Mutter, die Tochter ihren Vater. Da diese Konstellation aber sexuell nicht ausgelebt werden darf, wird ein Tabu errichtet, und das Kind muss einen Umweg nehmen: Der Sohn identifiziert sich mit seinem Vater, die Tochter mit der Mutter. Mit dieser Identifikation werden auch die gesellschaftlichen Rollen von Mann und Frau übernommen. Cool, oder?

Patrick Breitenbach: Aber ich habe das Gefühl, die drei Stränge wirken immer irgendwie gemeinsam, zwar unterschiedlich stark, aber jeder trägt einen Teil dazu bei. So gibt es einen Erziehungsaspekt, der wiederum in die Konditionierung gehen könnte. Also, das Kind wird für ein spezifisches Geschlechterverhalten bestraft oder belohnt.

Nils Köbel: Diesen Prozess kann man wiederum mit den Lerntheorien gut beschreiben, unserem zweiten Theoriestrang. Kinder lernen am Modell, wie Männer bzw. Frauen sich verhalten, und ahmen diese Verhaltensweisen nach. Belohnung und Bestrafung verstärken das jeweilige Verhalten.

Patrick Breitenbach: Wenn ich mich als Kind vor meinen Eltern oder Mitmenschen in ihren Augen geschlechtstypisch gebe, dann werde ich durch ein positives Feedback wie »Du spielst aber schön mit deinen Puppen« belohnt. Auf der anderen Seite werde ich für in ihren Augen untypisches Verhalten durch negatives Feedback wie »Jungs ziehen doch kein Rosa an« bestraft. Also habe ich zum einen Modelle vor mir, bei meinen Spielkameraden, in der Familie oder in Medien, und zudem wirkt die Konditionierung durch Reaktion auf mein Verhalten positiv oder negativ verstärkend.

Und es bleibt natürlich noch die spannende Frage im Raum, inwieweit das Geschlecht – kulturell wie genetisch – insgesamt von biologischen Faktoren determiniert ist.

Nils Köbel: Schwer zu sagen. Es gibt Theorien, die sagen, dass sowohl »sex« (biologisches Geschlecht) als auch »gender« (soziale Geschlechterrolle) kulturelle Konstruktionen sind, also Konzepte, die an Kinder herangetragen werden. Unterstrichen wird dieses Konzept häufig durch die sogenannte Trans-Gender-Thematik. Geschlecht scheint in dieser Perspektive gar nicht so eindeutig bestimmbar zu sein, es gleicht eher einem Spektrum mit zwei

Polen: Es gibt Menschen, die eher männlich oder eher weiblich sind.

Patrick Breitenbach: Beim Geschlecht ist man also unmittelbar beim Thema Rolle. Welche Rolle spielt denn die Rolle bei Identität?

Nils Köbel: Eine ganz wesentliche eigentlich, weil Kinder durch Sozialisationsprozesse lernen, Rollen immer differenzierter zu verstehen.

Patrick Breitenbach: Die Frage ist: Warum gibt es nicht nur eine Rolle?

Nils Köbel: Das hängt mit der Struktur von Gesellschaften zusammen. Früher, das haben wir ja im vorigen Kapitel schon angesprochen, gab es klare, eindeutige Rollen: Schmied, Bauer, Feudalherr, Adliger usw. Wenn Gesellschaften differenzierter werden, gibt es auch vielfältigere Rollen.

Eine Frau kann in unserer heutigen Gesellschaft Mutter, Bankangestellte, Elternbeiratsvorsitzende und Gewerkschafterin zugleich sein. Deshalb sind die Sozialisationsprozesse in modernen Gesellschaften viel komplizierter als früher. Ein Schmied musste seinem Sohn nur sein Handwerk beibringen, weil klar war, dass er den Betrieb seines Vaters übernehmen wird. Heute müssen wir Kinder umfassend bilden, damit sie später die Möglichkeit haben, sich einen Beruf zu suchen, sich gegebenenfalls weiterzubilden oder umzuschulen.

Der Begriff des »Lebenslangen Lernens« ist ein typischer Begriff der Moderne.

Patrick Breitenbach: Aber eine Rolle ist doch eigentlich so etwas wie eine Mischung aus einer bestimmten Erwartungshaltung von »den anderen« und zugleich eine Schublade, in die man eingeordnet wird. Und wenn ich die erwartete Rolle vorbildlich spiele, dann schließt man sehr leicht von ihr auf meine gesamte Identität. Aber was hat das dann noch tatsächlich mit einer eigenen wahren Identität zu tun? Also wo ist die Rolle Teil der Identität? Oder ist sie immer nur eine Spielform, die eher auf Erwartungen von außen basiert?

Nils Köbel: Das ist die große Frage, die mit den Sozialisationstheorien immer mitschwingt. Jürgen Habermas hat betont, dass Sozialisation nicht nur die Übernahme von Rollen bedeutet, sondern auch das Vermögen des Menschen, diese Rollen interpretieren zu können, sie auszulegen und auch ein bisschen abzuwandeln.

Ein Lehrer kann seinen Beruf in einer bestimmten Weise verstehen, er kann ihm Leben einhauchen und ihn individuell gestalten. Ganz nach dem Motto: »I did it my way«. Diese Fähigkeit zur Kreativität ist ein Hinweis darauf, dass wir eben nicht nur Figuren in einem Gesellschaftsspiel sind, sondern Subjekte, die trotz aller gesellschaftlicher Erwartung und Verpflichtung die Frage »Wer bin ich wirklich?« stellen.

Patrick Breitenbach: Wobei der Beobachter ja oftmals in Versuchung gerät und Rolle mit Identität verwechselt.

Nils Köbel: In der Tat. Es gibt auch Leute, die nur für ihren Beruf leben und in einer Rolle voll aufgehen.

Patrick Breitenbach: Gibt es dann überhaupt so etwas wie eine stabile Identität, oder ist das nicht einfach nur eine Summe aus verschiedenen Rollen, die sowieso jeden Tag auch anders sein können?

Nils Köbel: Ich würde schon sagen, dass Menschen eine Ordnung in sich aufbauen können, in denen die verschiedenen Rollen unterschiedlich gewertet werden. Wir können uns immer fragen: Was ist das Wichtigste in meinem Leben? Welchen Stellenwert hat mein Beruf, meine Familie, meine Religion, haben meine politischen Haltungen für mich? Dass diese Präferenzordnung sich auch ändern kann, bedeutet, dass Identität nichts Feststehendes sondern vielmehr etwas Dynamisches ist. Mein Leben lang kann ich mich verändern, meine Überzeugungen überdenken und neue Lebenswege einschlagen. Daher ist Identität eindeutig mehr als die Summe meiner Rollen. Menschen können immer wieder innehalten und sich fragen: Wer bin ich eigentlich wirklich? Bin ich jetzt da, wo ich sein will? Habe ich mich ganz von dem entfernt, wo ich eigentlich hin wollte?

Diese Fähigkeit zur dynamischen Selbstreflexion macht meines Erachtens die Identität eines Menschen aus.

Patrick Breitenbach: Übrigens, wie flüssig das ist, wird auch irgendwie in diesem fragilen Kompliment »Mensch, du hast dich ja überhaupt nicht verändert« sichtbar. Für die einen ist das das Schlimmste, was man eigentlich sagen kann, andere wiederum fassen es als sehr schönes Kompliment für die Konservierung ihrer Jugend auf.

Nils Köbel: Das ist das Paradoxe am Begriff Identität.

Patrick Breitenbach: Jetzt haben wir über Sozialisation und Erziehung gesprochen. Eine Theorie fehlt noch. Was ist der dritte wichtige Faktor von Sozialisation?

Nils Köbel: Bildung.

Patrick Breitenbach: Eigentlich unser Lieblingsthema, könnte man sagen. Was hat es damit auf sich?

Nils Köbel: Bildung hängt ebenfalls ganz stark mit Identität und Persönlichkeit zusammen. Der Schweizer Philosoph Peter Bieri schreibt, dass Menschen sich bilden, wenn sie an ihrer Identität arbeiten. Das unterscheidet Bildung von einfachem Lernen: nicht nur Wissen neutral anhäufen und ordnen, sondern zulassen, dass das Wissen die eigene Person verändert. Lerne ich ein Gedicht einfach nur auswendig, oder verändert es meine Perspektive, stößt es etwas in mir an?

PETER BIERI

1944

Philosoph, Schriftsteller

»Ausbilden können uns andere, bilden kann sich jeder nur selbst«

Peter Bieri sagt, Bildung ermöglicht, mir eine Übersicht über die Welt zu erarbeiten. Und indem ich bewusst nach Informationen suche, kann ich meine Übersicht verbessern und meine Haltungen und Einstellungen genauer bestimmen. Wenn ich mir etwa zu bestimmten politischen Fragen eine Meinung bilden möchte, werde ich ganz bewusst dazu recherchieren und mich informieren. Denn je umfassender mein Wissen ist, desto reflektierter wird mein Standpunkt zu entsprechenden Themen sein. Deshalb bedeutet Bildung einen Zuwachs an Autonomie: Ich muss nicht mehr Autoritäten folgen und alles nachplappern, sondern kann eigene Meinungen suchen und finden.

Patrick Breitenbach: Ich kann mir jetzt gut vorstellen, dass viele, wenn sie den Begriff »Bildung« lesen, sofort an Dinge wie Schule, Wissen oder Ausbildung denken. Doch Peter Bieris Bildungsverständnis hat mit diesem berühmten Bild des »Nürnberger Trichters« nichts zu tun, also der Vorstellung, man könne Wissen von oben herab in die Köpfe von Kindern reinkippen, denn wer möglichst viel auswendig lernt, »besitzt« damit am Ende Wissen und ist gebildet. Aber davon redet Bieri und reden wir so ganz und gar nicht, oder?

Nils Köbel: Peter Bieri sagt hierzu einen interessanten Satz: »Es gibt manche Menschen, die ganz viel wissen, aber trotzdem schrecklich ungebildet sind.« Das ist ein interessantes Paradoxon, aber es erklärt vielleicht, worum es geht: Bildung geschieht nur dann, wenn ich bereit bin, das Wissen, das ich erwerbe, in mich hineinzulassen. Also nicht einfach nur auswendig lernen, sondern versuchen, dieses Wissen mit meiner Persönlichkeit zu verbinden: Was macht dieses Wissen mit mir? Wie verändert oder bestärkt es meine bisherigen Haltungen und Orientierungen? Ich lasse das Wissen in meine Person hinein, damit es mich weiterbringt und bereichert.

Deshalb ist Bildung der Prozess, der Menschen befähigt, Informationen aus der Umwelt zu verwenden, um damit selbstbestimmt an der eigenen Persönlichkeit arbeiten zu können. Das ist ein sehr wertvoller Vorgang, der weit über trockenes Auswendiglernen hinausreicht. Computer zum Beispiel sind nicht gebildet, obwohl sie unglaublich viele Informationen speichern können. Wikipedia ist an sich nicht gebildet, es ist nur ein Archiv. Aber ich kann es verwenden, um mich zu bilden.

Patrick Breitenbach: Kann man vielleicht sagen, dass dann das wichtigste Werkzeug von Bildung eigentlich das kritische Hinterfragen des scheinbar Selbstverständlichen ist?

Nils Köbel: Genau das ist es. Gebildete Menschen fragen immer: Woher weiß ich, dass das so ist? Wer sagt mir eigentlich, dass es so ist und nicht anders, und woher weiß derjenige, der mir das sagt, dass es so ist? Also hinterfragen zu können und die Bereitschaft zu zeigen: Ich will mehr lernen von einem Gegenstand, der mich interessiert, weil ich noch nicht zufrieden damit bin. Bildung hört deshalb auch nie auf, weil man nie an den Punkt kommt, an dem man sagen kann: Ich weiß alles, und meine Persönlichkeit ist abgeschlossen.

Patrick Breitenbach: Würdest du eigentlich sagen, dass du in deiner Schulzeit in eine echte Bildungseinrichtung gegangen bist?

Nils Köbel: Also in Bezug auf einen Lehrer würde ich das auf jeden Fall sagen. Ich hatte einen sehr guten Sozialkundelehrer. Er hat auf Bildungsprozesse gesetzt. Warum? Weil er sehr viel mit uns diskutiert hat. Er war interessiert an unserer Meinung. Er hat uns immer einen Inhalt vorgestellt, zum Beispiel das politische System der BRD, und dann nicht nur gesagt »Lernt das auswendig«, sondern auch: »Ich möchte eure Meinung dazu hören, weil mich das wirklich interessiert. Was bedeuten Menschenrechte? Habt ihr schon mal erfahren, was es heißt, wenn die Menschenwürde missachtet wird?« Bei diesem Lehrer hatte ich das Gefühl, dass es wirklich um Bildung geht. Bei anderen Lehrern war eher trockenes Auswendiglernen angesagt.

Patrick Breitenbach: Wobei man aber schon wirklich dazu sagen muss: Ohne Informationen und Fakten geht auch Bildung nicht.

Nils Köbel: Überhaupt nicht.

Patrick Breitenbach: Das ist ja die Grundlage. Mein Acker besteht aus Informationen, und Bildung ist mein Pflug, der den fruchtbaren Boden bereitet.

Nils Köbel: Kann man sagen. Also Bildung bezeichnet diesen entscheidenden Modus der Aneignung von Informationen.

Patrick Breitenbach: Im Hinblick auf unsere digitalen Medien ist es natürlich hochinteressant, wie wir heute Informationen auslagern können. Das bringt die spannende Frage auf: Müssen wir heute immer noch so viele Daten und Fakten auswendig lernen? Man könnte sagen, das ist doch nur ein Überbleibsel der oral geprägten Kultur und einer Zeit der begrenzten Verfügbarkeit von Büchern und anderen Informationsträgern. Reicht es nicht einfach, wenn wir uneingeschränkten Zugang zu nahezu allen Informationen besitzen? Was uns natürlich auf der anderen Seite extrem abhängig macht von diesen ausgelagerten Wissensspeichern. So wie damals die Menschen von ihren Bibliotheken abhängig waren und es eine gigantische Katastrophe gewesen sein muss, als zum Beispiel der Inhalt der großen Bibliothek von Alexandria verschwand oder angeblich bei einem Feuer zerstört wurde. Damit war dann gleichzeitig unfassbar viel Weltwissen verloren gegangen. Von daher ist natürlich die orale Kultur des Auswendiglernens eine Art Schutzmechanismus, um kulturelles Weltwissen auch weiterhin zu bewahren. Wenn auch mit entsprechenden Kopierfehlern durch das Stille-Post-Verfahren.

Oder man denke nur an die unfassbaren Versuche, Kultur und Wissen durch Bücherverbrennungen, zum Beispiel während des Nationalsozialismus, aus dem kollektiven Kulturgedächtnis zu tilgen. Von daher sollte man vielleicht die Fertigkeit des Auswendiglernens ein Stück weit in Schutz nehmen.

Nils Köbel: Natürlich, auf jeden Fall. Das eine will das andere gar nicht abwerten. Die Nazis haben Bücher verbrannt und verboten, weil sie Bildungsprozesse verhindern wollten. Sie versuchten, die Grundlage für Bildung einfach wegzunehmen, weil Bildung gefährlich für ihre Ideologie war. Von daher ist das Sammeln von Informationen ganz entscheidend. Das ist ja auch einer der Vorteile der modernen Kommunikationssysteme, mit denen wir riesige Aufbewahrungsmöglichkeiten für Informationen haben.

Patrick Breitenbach: Welchen Einfluss haben denn die modernen Medien auf unsere Identität und auf unser Zusammenleben?

Nils Köbel: Diese Frage würde ich gerne direkt an dich zurückgeben, da du hier besser Bescheid weißt.

Patrick Breitenbach: Na ja, man muss sich zunächst einmal die Frage stellen: Was sind denn Medien eigentlich? In erster Linie sind Medien einfach immer nur Überträger von Informationen. Und das kann im Grunde alles Mögliche sein: Zeitungen, Fernsehen, Bücher und Kunst, aber eben auch Architektur, Geld, Menschen usw. usf.

Und zugleich besitzen Medien natürlich auch die Fähigkeit, Informationen – mal länger, mal kürzer – abzuspeichern. Das ist ja die Voraussetzung, um Informationen zu übertragen. Man muss sie zunächst einmal aufnehmen, um sie dann abbilden oder ablegen zu können.

Medien machen Dinge und Begebenheiten sichtbar, die eigentlich vor unserem Auge nicht in Erscheinung treten. So projizieren Medien immer Bilder aus der Ferne. Selbst in Form von Texten. Außerhalb unserer unmittelbaren Wahrnehmung.

Und wenn man in die nahe Zukunft blickt, wird die Informationsvermittlung zunehmend vernetzter und auch dichter. Ich würde sogar behaupten, wir sind durch die sozialen Medien wieder viel näher an der alten Kultur der oralen Berichterstattung. Wir benutzen immer weniger die klassischen Broadcastmedien, die großen monolithischen Massenmedien, sondern schauen darauf, was unsere Freunde uns empfehlen, oder erfahren über Twitter unmittelbar von Augenzeugen, was vor Ort geschieht.

Die digitalen Medien bilden aus Broadcastmechanismen und oraler Kultur eine neue Mischform. Das ist spannend. Weil zum einen die Masse zwar am Ende erfährt, was die Masse tut, aber nun nicht mehr unbedingt nur sehr wenige Menschen darüber entscheiden, was die Masse sehen darf und was nicht. Daher waren die klassischen Broadcastmedien auch sehr anfällig für totalitäre Systeme. So konnte der Faschismus ziemlich erfolgreich die Medien kontrollieren, eben weil es nur einige wenige Kanäle gab und die orale Kultur sich den Nachrichten aus den Medienmonopolen angepasst hat. Dementsprechend war es eigentlich sehr einfach, eine gesamte Gesellschaft und deren Gedanken, Meinungen und letztlich deren Handlungen zu kontrollieren.

Medien machen das Unzugängliche zugänglich. Auch das Unbewusste, durch Geschichten beispielsweise. Ob durch Horrorfilme oder Pornos, alle Facetten des Unbewussten können ausgedrückt und transportiert werden. Die Triebe werden sichtbar gemacht und zugleich unmittelbar befriedigt.

Das ist im Zusammenhang mit der Lerntheorie von Albert Bandura ganz spannend, bei dem ja die Imitation eine Schlüsselrolle spielt. Ich sehe irgendetwas in den Medien, speichere das ab und gebe es irgendwann wieder weiter. Und das heißt, Medien re-präsentieren viele verschiedene Vorbilder und Modelle. Auch das muss uns bewusst sein, dass neben den lebendigen und unmittelbar greifbaren Vorbildern im engsten Familien- und Freundeskreis, Medien künstliche, entfernte oder bereits verstorbene Vorbilder repräsentieren und zugänglich machen, um von uns wieder imitiert zu werden. Medien machen den Menschen auf eine gewisse Art unsterblich, so wie uns dieses Buch ein bisschen unsterblich macht.

Und da geht es dann sehr schnell in einen Bereich, wo es dunkelgrau bis schwarz wird, nämlich wenn es um den Versuch der Manipulation geht, und in der Werbung und Propaganda Vorbilder instrumentalisiert werden, um bei dir und mir ein gewisses gewünschtes Verhalten zu erzeugen, das du vielleicht ohne dieses Vorbild gar nicht gezeigt hättest. Also indem dein Vorbild etwas sagt, benutzt oder kauft, sollst du dazu angeregt werden, das Gleiche zu sagen, zu benutzen oder zu kaufen – obwohl du es vielleicht weder bräuchtest noch selbst auf die Idee gekommen wärst, das zu tun.

Nils Köbel: Bester Schutz hiervor ist wiederum Bildung. Damit man diese Strategie durchschaut und sich positionieren kann. Das heißt ja nicht, dass man auf Werbung nicht auch mal aus Interesse anspringen darf, aber man macht es dann aus eigener Entscheidung und übernimmt Verantwortung dafür.

Patrick Breitenbach: Werbung an sich muss ja auch nichts Böses sein. Werbung kann informieren. Werbung kann unterhalten. Werbung kann wahrhaftig sein – aber eben auch ganz bewusst den Konsumenten hinters Licht führen. Werbung dient der Aufmerksamkeit. Auch dieses Buch, Bildung, Aufklärung benötigt Mechanismen der Werbung, also der aufmerksamkeitserzeugenden Kommunikation. Werbung manipuliert immer nur so stark, wie schwach der jeweilige Empfänger dieser Botschaften ist und ob dieser durchschaut, dass es sich um Werbung handelt, als offensichtlicher Versuch, mich vom anscheinend Besten zu überzeugen.

Da muss man sich dann immer die Frage stellen: Wo fängt der mündige Konsument an? Und inwieweit muss man ihn schützen? Und da ist tatsächlich Bildung ein großes Thema. Wenn du eine Gesellschaft hast, die im Sinne von Peter Bieri wenig gebildet ist, wird sie natürlich anfälliger für gezielte Desinformation und negative Propaganda. Aber kann man das der Werbung vorwerfen? Oder eher den Verhältnissen?

Nils Köbel: Das hängt direkt miteinander zusammen, klar.

Patrick Breitenbach: Also das heißt letztendlich, Medien sind so etwas wie ein Identitätskatalysator – zumindest kommt es einem heute so vor durch die spürbare Beschleunigung der Informationen in unserem Kulturkreis.

Also manchmal habe ich das Gefühl, es macht alles noch vielfältiger und pluraler, zum anderen wiederum nicht, weil viele Menschen genau dadurch völlig überfordert wirken und sich bewusst wieder in sich abgeschlossene Welten und Parallelgesellschaften zurückziehen. Wir werden ja später noch über Fundamentalismus sprechen, als ein besorgniserregendes Symptom dieses Rückzuges.

Pluralität erschwert nämlich eine eindeutige Zugehörigkeit, und weil einem durch die Medien so viele verschiedene Identitätsoptionen und mögliche Rollen präsentiert werden, kommen wir vielleicht irgendwann an einen Punkt, an dem wir völlig überfordert sind und am Ende gar nicht mehr wissen: Wer bin ich heute eigentlich? Wer soll ich morgen sein? Was ist jetzt richtig? Was ist falsch? Und wieso findet der das gut, wenn ich so bin, und der andere das zugleich schlecht? Und morgen sieht es wieder ganz anders aus.

Nils Köbel: Diese sozialen Entwicklungen sprengen immer mehr Möglichkeiten auf, wie man sein kann. Sie verunsichern, weil die Fragen immer drängender werden: Bin ich dann so oder so? Habe ich diese Option oder jene Option? Es vervielfältigt die Möglichkeiten, Identität zu entwerfen, und lockt gleichzeitig in bestimmte Richtungen. Man kann dann hin- und hergerissen sein und nicht mehr wissen, wo man hingehen soll. Auch da ist, glaube ich, Bildung das wichtigste Mittel, um Orientierung auch angesichts großer Ungewissheit zu erlangen.

Patrick Breitenbach: Ja, definitiv. Ein wichtiger Bereich von Bildung ist für mich das Thema Medienkompetenz, als Ausdruck für ein entwickeltes Bewusstsein dafür, wie Medien eigentlich funktionieren, wie sie auf uns wirken, was sie mit uns machen können, und wie wir uns schützen können. Da tauchen dann so spannende Fragen auf wie: Wie funktionieren kommerziell betriebene Nachrichten?

Nils Köbel: Und?

Patrick Breitenbach: Wir haben bei diesen Nachrichten immer eine »Hidden Agenda«, die lautet: »Die Nachrichten, die Sie hier lesen, müssen am Ende für uns Nachrichtenbetreiber Geld einbringen.« Wie verdienen Nachrichten Geld? Indem sie maximale Aufmerksamkeit und Verbreitung generieren. Wie generiert man maximale Aufmerksamkeit? Indem Nachrichten so formuliert werden, dass sie nicht langweilig sind, sondern sensationell, eindringlich, emotional usw. Und mit diesen Stilmitteln verfälsche ich automatisch auch die Inhalte. Ich kann gar nicht anders. Ich muss auf komplexe Gedankengänge und Argumentation verzichten.

Überhaupt muss ich vielleicht auf viel Text verzichten und lasse lieber die Bilder sprechen. Und wie sprechen die Bilder? Aus welcher Perspektive zeige ich ein Ereignis? Das Bild muss wiederum spannend, sensationell und reißerisch sein.

So geht das immer weiter, und je messbarer der Erfolg durch Nachrichten wird – heute durch die Klickzahlen im Internet –, desto schneller dreht sich diese Feedbackschleife. Früher hatte eine Zeitung eine Auflage. Da wusste man aber eben noch lange nicht, wie viele Menschen die ganze Zeitung gelesen haben, geschweige denn, wer Artikel XYZ gelesen hat und ob es dem Leser gefallen hat oder nicht. Die neue Messbarkeit im Internet gibt uns all diese Transparenz. Wir sehen, wie Menschen unmittelbar auf Informationen reagieren, was sie anfixt, was sie langweilt.

Aber all das sagt leider so gar nichts über den eigentlichen Wert von Nachrichten aus, nämlich den Menschen bestmöglich zu informieren und aufzuklären, ihm dabei behilflich zu sein, einen Erkenntnisgewinn zu realisieren. Daher bin ich ein großer Verfechter von Medienkompetenz und auch Medienethik und eher ein Kritiker der derzeitigen Medienökonomie, sofern ich noch an das Ideal einer vierten Gewalt als wichtigen Bestandteil einer freien und offenen Gesellschaft glaube.

#2
WER BESTIMMT EIGENTLICH,
IDENTITÄTS
SOZIALISATION
ROLLEN
INTERPRETATION
REFLEXION
PRÄFERENZEN
#1 #4
INTERDEPENDENZ
INDIVIDUALITÄT
SPRACHE
GESCHLECHT
SEX
GENDER
"GEWORFENSEIN"
MARTIN HEIDEGGER
KARL JASPERS
"ANLAGE-UMWELT-PROBLEM"
THEORIEN
I ENDOGENISTISCH
II EXOGENISTISCH
III SELBSTGESTALTUNGS-
IV INTERAKTIONISTISCHE
ERZIEHUNG
SOZIALISATIONS-FORSCHUNG
PSYCHOLOGISCH
I TIEFEN-PSYCHOLOGISCH
FREUD
#1, #6, #7
ES
ICH
ÜBER-ICH
II LERNTHEORIEN
IWAN PETROWITSCH PAWLOW
KONDITIONIERUNG
BEHAVIORISMUS
III KOGNITIONSPSYCHOLOGIE
JEAN PIAGET
STUFEN
ALBERT BANDURA
"KOGNITIVE WENDE"
GEWALTSTUDIEN

WER ICH BIN?
BILDUNG
BILDUNG
PETER BIERI
ÜBERSICHT
ÜBER DIE WELT
MEHR PERSPEKTIVEN
GRÖSSERE AUTONOMIE
≠ PURES DATENSAMMELN
HINTERFRAGEN
GEFAHR FÜR IDEOLOGIEN
#3
#5 #7 #8
MEDIEN
IDENTITÄTSKATALYSATOR
KOMPETENZ
WELCHE WELT WIRD WEM WIE GEZEIGT?
SOZIOLOGISCH
JÜRGEN HABERMAS
#7
"ICH-IDENTITÄT"
IDENTITÄT IST ERGEBNIS VIELER PRÄGUNGEN - ABER AUCH UNSERER INTERPRETATION & REFLEXION
BILDUNG ALS DAS HINTERFRAGEN DES SCHEINBAR SELBSTVERSTÄNDLICHEN

KAPITEL 3 | WER KANN ICH SEIN?

Bildung, Psychoanalyse, Konstruktivismus

Patrick Breitenbach: Jetzt haben wir darüber gesprochen: Wer bin ich?

Nils Köbel: Genau, über unsere Identität …

Patrick Breitenbach: Danach wollten wir wissen, wie wir zu dem werden, der wir sind. Jetzt ist natürlich die spannende Frage: *Wie* kann ich sein? Wie erfahre ich die Welt, wie ordne ich das Wissen ein? Also wie kann ich mein Sein bewusst steuern – sofern das überhaupt möglich ist.

Nils Köbel: Sehr gute Überleitung.

Patrick Breitenbach: Danke.

Nils Köbel: Wie gesagt, Bildung ist hierfür der entscheidende Prozess, da das Subjekt im Mittelpunkt steht. Es geht bei Bildung weniger um die Prägung von außen, sondern um die selbst gestaltete Persönlichkeitsentwicklung.

Patrick Breitenbach: Also Bildung sozusagen als Werkzeug zur Bildung der eigenen Identität?

Nils Köbel: Genau. Auch um äußere Einflüsse gegebenenfalls abwehren zu können. Bildung verhindert, dass ich Opfer meiner Umstände bin, sondern Freiheitsgrade einschätzen kann: Wie kann ich meine Umwelt so mitgestalten, dass ich nicht nur wie ein Blatt im Wind von äußeren Einflüssen hin und her geweht werde?

Patrick Breitenbach: Versuchen wir das doch mal so ein bisschen auseinanderzudröseln. Also Bildung ist ja ein extrem schwerer Begriff, jeder hat da irgendwie eine andere Assoziation dazu. Was steckt denn da alles drin in diesem Einkaufskorb voller Bildung?

Nils Köbel: Peter Bieri würde sagen, dass es bei Bildung darauf ankommt, sich einen gewissen Überblick über etwas verschaffen zu können. Ich verwende die Informationen und das Wissen, das ich mir angeeignet habe, um mir eine Landkarte von einer bestimmten Sache zurechtzulegen. Bieri zufolge muss ich nicht genau wissen, wie viele Sprachen es in der Welt gibt. Ich muss aber wissen, dass es eher 4 000 sind als 400. Ich muss nicht unbedingt wissen, wie alt die Welt ist. Aber ich muss wissen, dass es eher Milliarden von Jahren sind und nicht Millionen.

Das heißt, Bildung befähigt mich, Rahmenbedingungen setzen zu können, um von dort aus weiterzufragen: Stimmen meine Informationen? Wie kann ich mein bisheriges Wissen überprüfen und ergänzen? Wie vertrauenswürdig ist eine Informationsquelle? Gibt es noch andere Ansichten zu einem bestimmten Thema? Das sind typische Fragen und Haltungen, die auf Bildung zielen. Bildung im pädagogischen Sinn bedeutet daher, bei Kindern und Jugendlichen die Neugier auf die Welt, die sie von Geburt an mitbringen, zu kultivieren und zu erhalten.

Patrick Breitenbach: Das erinnert mich ja sehr an die Haltung des Konstruktivismus, der ja im Grunde genommen auch mit diesem Landkartenbild arbeitet und sagt: »Die Landkarte ist nicht das Territorium.« Also das heißt, die Landkarte gibt mir einen groben Überblick, aber ich darf sie nicht mit der Wirklichkeit des Landes an sich verwechseln. Und damit hört ja im Grunde genommen das Fragen nie auf. Weil diese Landkarte immer feiner und feiner gezeichnet werden kann. Man kann sie hinterfragen und korrigieren. Es bleibt immer jede Menge Luft nach oben bei der Entdeckung des Selbst. Also für mich persönlich sind Fragen einer der wichtigsten Aspekte in Sachen Bildung. Und eigentlich weniger die Antworten.

Nils Köbel: Eigentlich schon, denn unsere Landkarten können nie die gesamte Wirklichkeit abbilden und nie vollkommen darstellen, wie die Welt »wirklich« ist. Das ist auch gut so, denn wüssten wir alles über die Welt, so wäre unsere Persönlichkeitsentwicklung zum Stillstand gekommen, und dies wäre ziemlich übel. Und deshalb betont der Bildungsbegriff, dass wir eine Landkarte zeichnen und immer wieder ergänzen, korrigieren und verfeinern können. Es gibt immer etwas Neues zu entdecken, was in der Landkarte bisher nicht eingetragen worden ist. Und dieser Prozess hört nie auf, weil die Welt so unglaublich vielfältig ist.

Es gab zwar früher Menschen wie Leonardo da Vinci, die das Weltwissen ihrer Kultur aufgesogen haben und in ihrer Person verkörperten. Das heißt aber auch nur, dass da Vinci alle »Landkarten« zur Verfügung hatte, die damals über die Welt Auskunft gaben. Diese waren aber auch höchst lückenhaft, wie wir heute wissen. Das Wissen ist so ungeheuer vielfältig geworden, dass eine Person alleine nicht mehr über alle Wissensbestände einer Kultur verfügen kann. Heute ist die Landkartenbibliothek so groß, dass es hoch spezialisierte Experten für bestimmte Landkarten, für bestimmte Orte, für bestimmte Gebiete gibt.

Patrick Breitenbach: Und was ja auch immer wieder passiert, ist, dass sich Grenzen auf diesen Landkarten komplett verschieben. Diese berühmten Paradigmenwechsel. Große Wendepunkte, vor allem in der Wissenschaft. Fällt dir gerade einer ein?

Nils Köbel: Na ja, wir haben ja schon über Freud gesprochen. Er hat einen neuen, riesigen Kontinent entdeckt, nämlich das Unbewusste im Menschen. Dieses Territorium hatte man vorher nicht auf dem Schirm, könnte man sagen. Und als Freud dieses neue Land nach und nach entdeckte, wusste er noch überhaupt nicht, wie es im Ganzen aussehen könnte. Und so begann er, erste Entwürfe über die Topografie dieses neuen Kontinents zu zeichnen. Und die wurden dann im Laufe der psychoanalytischen Forschung immer weiter ausdifferenziert, verfeinert, auch korrigiert: Der Berg ist nicht so hoch, wie man dachte, oder ein anderer ist doch höher als angenommen. Freuds Landkarte war zu Beginn seiner Arbeit genauso ungenügend wie die mittelalterlichen Seekarten. Ich würde behaupten, dass die psychoanalytischen Landkarten auch heute noch ungenügend sind, weil diese Forschung noch relativ jung ist.

Und so werden in allen Wissenschaften immer wieder neue Landkarten erstellt, weil immer wieder neue Gebiete erschlossen werden.

Patrick Breitenbach: Worin, glaubst du, liegt der größte Einfluss von Freud und seiner Psychoanalyse? Also was hat es mit dem Menschen gemacht, wo und wie hat es die Menschheit in eine total andere Richtung geführt?

Nils Köbel: Ich glaube, dass es nicht erst mit Freud begonnen hat. Auch in der Philosophie kam es im Übergang vom 19. zum 20. Jahrhundert zu einem entscheidenden Paradigmenwechsel. Die idealistischen Philosophien des 19. Jahrhunderts waren noch davon überzeugt, dass sie die Gesetzmäßigkeiten der Geschichte verstehen und durch Wissenschaft und Forschung die Welt insgesamt verbessern können. Die Idee war: Es geht mit der Menschheit nach vorne, ins Bessere hinein. Hegel, der größte Philosoph des Idealismus, meinte noch, dass die Widersprüche unserer Welt und unseres Lebens in der Entwicklungsdynamik des Weltgeschehens überwunden werden.

Aber bereits zu seinen Lebzeiten tauchten Philosophen auf, die die Welt ganz anders verstanden. So sah Arthur Schopenhauer sie nicht durch ein vernünftiges Prinzip gelenkt, sondern er ahnte bereits, dass unbewusste Triebkräfte in der Welt wirksam sind, die gerade nicht vernünftig, sondern vollkommen irrational sind.

FRIEDRICH NIETZSCHE

1844–1900
Philosoph

»Der Mensch ist ein Seil, geknüpft zwischen Tier und Übermensch – ein Seil über einem Abgrunde«

Dieser Ansatz wurde dann besonders stark von Friedrich Nietzsche weitergeführt, der die Vernunft nur als einen kleinen Aspekt des Weltgeschehens auffasste. Nietzsche wird häufig als der »Philosoph des Unbewussten« bezeichnet. Er untersuchte den »Willen zur Macht«, der oft unbewusst hinter der Maske der Vernunft lauere. Er setzte auf die Überwindung von Moral und Religion, die seiner Meinung nach den Menschen in seiner Entwicklung festhalten und blockieren. Davon befreit könnte der Mensch über sich hinauswachsen und zum »Übermenschen« werden. Von heute aus gesehen eine ziemlich krude Konstruktion, jedoch bereitete Nietzsche mit seinen Analysen den philosophischen Boden für die psychologische Beschäftigung mit dem Untergründigen im Seelenleben des Menschen. Und wenig später, zu Beginn des 20. Jahrhunderts, entwickelte Freud sein Konzept der Traumdeutung und damit eine erste Landkarte über das Unbewusste. Das heißt, dieses Erahnen des Unbewussten war nicht nur in der Arbeit von Sigmund Freud wirksam, sondern lag zu dieser Zeit bereits gewissermaßen in der Luft.

Patrick Breitenbach: Und worin lag dann Freuds spezifische Leistung?

Nils Köbel: Freuds großer Durchbruch bestand darin, körperliche Symptome mit unbewussten Konflikten zu erklären. Als Arzt hatte er es in Wien häufig mit einem Symptom zu tun, das man damals Hysterie nannte. Es betraf meistens junge Frauen aus dem gehobenen Bürgertum, die – obwohl körperlich völlig gesund – plötzlich in Ohnmacht fielen oder Krämpfe bekamen. Und Freud kam nach erfolgloser medizinischer Anamnese auf die geniale Idee, die Biografie dieser Frauen in die Therapie miteinzubeziehen. Er bat seine Patientinnen, sich auf seine Couch zu legen – das war dieses legendäre bunte Sofa – und ganz frei aus ihrem Leben zu erzählen. Später nannte er dieses Verfahren auch »freie Assoziation«.

Freud erkannte, dass diese jungen Frauen häufig von unterdrückten Wünschen und Fantasien erzählten, die in Zusammenhang mit ihren Symptomen zu stehen schienen. Und ich glaube, das war so ein Wendepunkt bei Freud, den Fokus weg von biologisch-medizinischen Betrachtungen und hin zur Lebensgeschichte zu lenken.

Patrick Breitenbach: Vorher galt das Schicksal ja eher als von Gott bestimmt. Hat Freud da nicht auch ein bisschen Gott getötet bzw. an der Übermacht Gottes in den Köpfen der Menschen gekratzt? Allein indem er sinngemäß sagte, dass der Mensch zwar nicht Herr im eigenen Hause ist und durch Faktoren wie Emotionen oder Triebe beeinflusst wird, aber am Ende doch durch Psychoanalyse dazu in der Lage ist, sein eigenes Schicksal wieder in die Hand zu nehmen?

Nils Köbel: In der Geschichte der Menschheit gab es drei große Kränkungen. Bis zur Renaissance war die Überzeugung vorherrschend, dass die Erde den Mittelpunkt des Weltalls darstellt. Die erste Kränkung bestand in der Widerlegung dieses Weltbildes – durch den Beweis, dass die Erde um die Sonne kreist, wird der Mensch mit seiner Heimat zusammen aus dem Zentrum des Alls verstoßen.

Die zweite Kränkung des Menschen hat Charles Darwin verursacht, indem er zeigen konnte, dass der Mensch nicht das direkte Produkt eines göttlichen Schöpfungsaktes ist, sondern sich aus seinen tierischen Vorfahren heraus entwickelte.

Und die dritte Kränkung geht auf Sigmund Freud zurück, der gesehen hat, dass der Mensch nicht einmal Herr im eigenen Hause ist, sondern von Motiven gesteuert wird, die ihm selbst unbekannt sind. Diese Umwälzungen haben auch die Landkarten, die wir von der Welt und von uns selbst haben, stark verändert. Sie haben sie vergrößert, aber auch extrem verkompliziert und unheimlicher gemacht.

Patrick Breitenbach: Ja, und ich habe den Eindruck, dass die vierte Kränkung im Bereich der Mem-Theorie liegen könnte, die wir im ersten Kapitel schon besprochen haben. Die Memetik, die ursprünglich von Richard Dawkins ins Spiel gebracht wurde, besagt ja im Grunde etwas Ähnliches wie Freud, nämlich dass der Mensch ebenfalls nicht Herr im eigenen Haus ist und lediglich Überträger und Verbreiter von Gedanken und Ideen ist, ob er das will oder nicht.

Dazu fällt mir die *Bild*-Zeitung ein. Obwohl viele Menschen die *Bild* kritisieren, ist sie dennoch extrem erfolgreich, weil am Ende doch jeder über sie spricht. Also steckt ein interessanter

Mechanismus dahinter, denn selbst wenn man sie hasst, macht man sie populär, indem man sich über sie öffentlich aufregt, und am Ende werden dadurch trotzdem die von der *Bild* formulierten Gedanken indirekt über Bande weitergetragen. Und da steckt so ein bisschen die nächste Kränkung drin. Der Mensch kann nicht anders als gewisse Ideen – ob er sie gut findet oder nicht – durch Kommunikation und Speicherung von Information weiterzuvererben.

Nils Köbel: Tatsächlich entwickeln unsere eigenen Diskurse eine Art Eigenleben und wirken auf uns zurück in einer Art und Weise, die wir gar nicht unbedingt kontrollieren können. Kurz noch ein Satz zu Bildung, dann würde ich auch gerne etwas über Konstruktivismus von dir erfahren. Entscheidend für den modernen Bildungsbegriff, den wir anhand der Definition Peter Bieris diskutiert haben, sind seine Wurzeln im Zeitalter der Aufklärung. Im 18. Jahrhundert war es Immanuel Kant, der feststellte, dass wir die Dinge in der Welt nicht »an sich« erkennen, sondern nur mithilfe unserer Vernunftfähigkeit in uns abbilden können. Und diese Abbildung wirkt immer zurück auf das Verständnis, das der Mensch von sich selbst hat.

Diese Grundidee wurde dann im 19. Jahrhundert von dem Bildungsphilosophen Wilhelm von Humboldt aufgenommen. Bildung bedeutet ihm zufolge, dass das Selbst des Menschen sich verbindet mit der Welt. Das entspricht genau dem, was wir besprochen haben. Je mehr Erkenntnisse von der Welt ich auf mein Leben beziehe, umso mehr können diese Einsichten meine Identitätsentwicklung bereichern. Und Humboldt geht sogar noch einen Schritt weiter, wenn er behauptet, dass Bildung die Welt im Ganzen verbessern und weiterentwickeln kann. Denn die rückwirkenden Handlungen gebildeter Menschen haben positiven Einfluss auf die Welt.

Vielleicht könnte man das an einem zeitgemäßen Beispiel

verdeutlichen: Wenn ich die Verschmutzung der Umwelt nicht nur als neutrales Faktum hinnehme, sondern auf meine Person beziehe – diese Einsicht gewissermaßen in mich hineinlasse –, werde ich umweltbewusster in meinen Handlungen und setze mich vielleicht aktiv für den Umweltschutz ein. Dadurch kann ich einen Beitrag zur Verbesserung der Welt leisten. Ähnliche Beispiele könnte man im humanitären Bereich anführen. Und Humboldt treibt dieses Prinzip, das wir heute in seiner Einfachheit und Direktheit vielleicht als etwas naiv ansehen würden, auf die Spitze, indem er sagt, dass sich der Mensch und die Gesellschaft durch Bildung vervollkommnen können.

WILHELM VON HUMBOLDT

1767–1835
Bildungsphilosoph

»Bilde dich selbst, und dann wirke auf andere durch das, was du bist!«

Hier bekommt der Bildungsbegriff fast schon eine religiöse Dimension. Aber das Entscheidende scheint mir zu sein, dass wir durch Bildung nicht die Welt 1:1 erkennen und abbilden, sondern konstruieren und verändern. Und ich glaube, das führt uns auch zu dem Thema Konstruktivismus.

Patrick Breitenbach: Ja. Zumindest ist der Konstruktivismus natürlich aus diesem Gedankengut entstanden. Kant dient da auch als Hauptreferenz, vor allem die Wende im Denken, die er dadurch verursacht hat.

Konstruktivismus verstehe ich persönlich eher als eine Art

Haltung. Also ähnlich wie der Bildungsbegriff, den wir umrissen haben. Der Konstruktivismus wird vermutlich wegen seines -ismus sehr oft als Weltanschauung verstanden. Eine Beschreibung, wie die Welt ist, nämlich rein von uns und unserem Verstand konstruiert und interpretiert. Die Haltung, die ich hinter dem Konstruktivismus sehe, ist für mich eher ein permanentes Hinterfragen des Selbstverständlichen. Der Wirklichkeit oder, noch weiter, der Wahrheit.

Das Hinterfragen setzt wiederum voraus, dass man erkennt, dass die Wirklichkeit nicht die einzig wahre Wirklichkeit ist, sondern jeder Mensch sich seine eigene Wirklichkeit konstruiert, also durch Sinneseindrücke, Bewertungen und Interpretationen selbst zusammensetzt. Es können dann natürlich Überschneidungen von Wirklichkeiten stattfinden, eine Art Wirklichkeitskonsens, aber am Ende nimmt jedes Subjekt die Welt und ihr Geschehen völlig anders wahr.

Nils Köbel: So wie sich Lichtkegel mehrerer Taschenlampen überschneiden, aber eben auch jede für sich einen eigenen Ausschnitt beleuchtet.

Patrick Breitenbach: Genau. Aber am stärksten erkennen wir den Grundgedanken des Konstruktivismus in Krisensituationen. Da offenbart sich plötzlich ein Konflikt zwischen verschiedenen Wahrheiten und Wirklichkeiten. Oder vielmehr ein Konflikt zwischen unterschiedlichen Wahrnehmungen und Interpretationen.

Nils Köbel: Hast du dazu vielleicht ein Beispiel?

Patrick Breitenbach: Ich glaube, ein ganz gutes Beispiel ist Rassismus. Für mich ist Rassismus so eine Art Wahrnehmungsstörung. Das heißt, der Rassist sieht bestimmte äußerliche Merkmale bei Menschen, und diese überstrahlen quasi das Individuum, das Subjekt, die Identität. Wenn also jemand mit rassistischen Vorurteilen einen anderen Menschen mit dunklerer Haut sieht, stellt sich ihm gar nicht mehr neutral die Frage, ob das jetzt ein Freund sein könnte. Allein aufgrund dieser äußeren Andersartigkeit macht es irgendwie Klick, und dieser Mensch ist von vornherein weniger wert als alle anderen.

Das ist natürlich völliger Quatsch. Das ist ja keine wahrhaftige Wirklichkeit, sondern ist einfach eine unzureichende und unvollständige Wirklichkeitskonstruktion, die aufgrund dieses überstrahlenden Vorurteils einfach nicht zu Ende gedacht werden kann.

Daran kann man sehr gut sehen, wie die Dinge, die wir wahrnehmen, immer wieder von Neuem bewertet werden, geprägt durch Narrative (Erzählungen von anderen), Erfahrungen und Sozialisation. Rassismus, im Sinne von Abwertung aufgrund äußerer biologischer Merkmale, ist ja auch nichts, was irgendwie natürlich vorhanden wäre, sondern es wurde eindeutig sozialisiert durch Bilder, durch Geschichten, durch Sprache, zum Beispiel bestimmte Begrifflichkeiten und so weiter.

Das wäre für mich ein einleuchtendes Beispiel für Konstruktivismus. Aber letztendlich kannst du, und das ist halt der Punkt beim Konstruktivismus, im Grunde so gut wie alles hinterfragen. Also selbst scheinbar eindeutige Dinge wie Mathematik. Dabei ist die Mathematik selbst nichts anderes als eine vom Menschen entwickelte Sprache, die in sich schlüssig aufgeht. Und sollte Mathematik mal nicht aufgehen, wird etwas Neues erfunden, damit sie wieder aufgeht.

Nils Köbel: Bis hin zu neuen Symbolen, die eingeführt werden.

Patrick Breitenbach: Genau. Also der Mensch erschafft sich immer ein Abbild dessen, was er wahrnimmt. Aber er kann niemals das Gesamte in aller Pracht und aus allen Perspektiven wahrnehmen, und er hat nur sehr begrenzte, wenn auch sehr vielfältige Mittel der Kommunikation, um das Wahrgenommene wieder nach außen auszudrücken. Von der Mathematik über Sprache bis hin zur Kunst.

Nils Köbel: Also wir sehen nie das Ding an sich, würde Kant sagen.

Patrick Breitenbach: Genau. Wir sehen immer nur Ausschnitte, Bruchstücke und konstruieren dabei einen eigenen Sinnzusammenhang. Eine eigene Wirklichkeit, die sich dann eben mit anderen Wirklichkeiten deckt oder wie in den beschriebenen Krisen oder Konflikten aneinandergerät und eben nicht deckungsgleich ist.

Nils Köbel: Wenn man jetzt die beiden Elemente zusammenführen will, also Bildung und Konstruktivismus, könnte man bei dem Beispiel bleibend sagen: Wenn ich es mit Jugendlichen mit rassistischen Einstellungen zu tun habe, die nicht den Menschen, sondern nur die Hautfarbe sehen, wäre Reisen eine sehr gute Bildungsmethode. Ich bringe Jugendliche in die Lage, sich mit fremden Menschen auseinandersetzen zu müssen. Ein Jugendpädagoge sagte mir mal, spätestens wenn sich rassistische Jugendliche in einem langen Auslandsaufenthalt in ein einheimisches Mädchen verlieben, bricht jeder Rassismus zusammen. Die rassistische Konstruktion kann einer solchen Erfahrung nicht standhalten. Sie wird brüchig, und man wird aufgefordert, die bisherigen Haltungen zu überdenken.

Menschen neigen oft dazu, unterkomplex zu konstruieren, viele radikale Konstruktionen sind eigentlich Abkürzungen und Vereinfachungen. Und solche Einstellungen werden am ehesten durch einschneidende positive oder negative Lebenserfahrungen erschüttert und verändert.

Patrick Breitenbach: Ganz genau. Konstruktivismus als Haltung wäre für mich eine ganz wichtige Voraussetzung, damit Bildung überhaupt stattfinden kann. Also wenn ich die Grundhaltung besitze zu sagen »Die Welt ist nicht so, wie sie scheint«, schafft das überhaupt erst die Voraussetzung, um scheinbar selbstverständliche Dinge zu hinterfragen. Ohne eine solche Haltung, ob man sie nun konstruktivistisch oder skeptisch nennt, dürfte es eigentlich auch keine Paradigmenwechsel geben, denn Paradigmen sind ja scheinbar unumstößliche Annahmen. Konstruktivismus in Kombi mit Bildung ist für mich demnach ein großes Werkzeug, um jede Art von Vorurteilen zu knacken.

Nils Köbel: Wie entstehen Vorurteile eigentlich?

Patrick Breitenbach: Es gibt eigentlich zwei grobe Varianten von Vorurteilen. Die erste ist »Ich bilde mir ein Urteil aus eigener Erfahrung heraus«. Wenn wir mal beim Beispiel Rassismus bleiben: Ich hatte eine Begegnung mit einem Arschloch – und Arschlöcher gibt es überall –, und dieser Mensch wird einer bestimmten Ethnie zugeordnet. Das Problem, das daraus dann entstehen kann, ist, dass ich aus dieser einen Erfahrung eine Ableitung konstruiere. Ich schließe von dieser einen Erfahrung auf alle anderen Menschen da draußen und vergesse damit völlig das jeweilige Individuum dahinter und beginne in meiner Weltanschauung zu verallgemeinern.

Die zweite Variante, die rational eigentlich noch weniger nachzuvollziehen ist und damit deutlich dümmer wirkt, ist, die Erfahrungen von anderen unhinterfragt zu übernehmen und daraus dann auf die Allgemeinheit zu schließen. Also gar nicht selbst Erfahrungen zu machen, sondern rein auf Hörensagen dieser rassistischen Meme eine rassistische Haltung zu entwickeln. Und der Konstruktivismus ist eben die Voraussetzung, solche Vorurteile – also Urteile zu fällen, *bevor* ich sie untersucht habe – prinzipiell zu hinterfragen, indem mir nämlich bewusst wird, dass diese scheinbar allgemeingültigen Gedanken letztendlich nur von mir oder von anderen Menschen konstruiert worden sind.

Paul Watzlawick, einer der Vordenker und Mitdenker des Konstruktivismus, hat einen wunderbaren Vortrag zum Thema »Wenn die Lösung das Problem ist« gehalten. Er spricht dort von den Fallen von »PatEndlösungen«.

PAUL WATZLAWICK

1921–2007
Konstruktivistischer Kommunikationswissenschaftler

»Wer als Werkzeug nur einen Hammer hat, sieht in jedem Problem einen Nagel«

Nils Köbel: Was genau meint er damit?

Patrick Breitenbach: Der Begriff ist wunderbar doppeldeutig. Zum einen meint er damit vermeintlich einfache Lösungen, die uns aber, falsch angewandt, ins absolute Verderben führen. Die andere Bedeutung ist die Anlehnung an das Patentrezept. Also eine einmal entwickelte Lösung für ein bestimmtes Szenario wenden wir ab sofort bei allen künftigen Szenarien an, die dem neuen Szenario irgendwie ähneln.

Vielleicht dazu jeweils ein Beispiel. Um eine psychische Krankheit festzustellen, gibt es bestimmte Vorgehensweisen. Wir fragen Symptome ab, meist in Bezug auf das Verhalten von Patienten. Watzlawick berichtet von einem Zwischenfall in der

Psychiatrie. Dort sollte eine Frau mit einem Krankentransport in eine andere Einrichtung verlegt werden. Als das Pflegepersonal die Frau wegbringen wollte, begann sie sich vehement dagegen zu wehren. Sie wisse gar nicht, was jetzt los sei (Verwirrung, Desorientierung), und sie sei wohl die falsche Person (Depersonalisierung). Sie steigerte sich dermaßen hinein (Hysterie), dass sie um sich schlug (aggressives Verhalten). Irgendwann stellte sich allerdings heraus, dass die Frau gar keine Patientin, sondern eine Besucherin war.

Das einfache Schema der Diagnostik führte aber dazu, dass man glaubte, die Frau sei wirklich psychisch krank.

Oder ein anderes Beispiel aus Indien: Dort gab es mal ein Schlangenproblem. Eine echte Plage. Kriechende Viecher überall, zum Teil sehr giftig. Also überlegte man sich eine Lösung des Problems. Man setzte ein Kopfgeld für jede Schlange aus. Was glaubst du wohl geschah?

Nils Köbel: Na?

Patrick Breitenbach: Einige Menschen fingen an, Schlangen zu züchten, um das Kopfgeld zu kassieren, und damit verstärkte sich das Problem.

Watzlawick will mit diesem Begriff vor allen Menschen warnen, die behaupten, sie hätten die ultimative Lösung aller Probleme und damit die absolute Wahrheit in der Tasche. Zugleich macht er dadurch darauf aufmerksam, dass jedes Problem zugleich auch eine Vielzahl neuer Probleme erzeugen kann. Nicht umsonst lehnt sich der Begriff »PatEndlösung« an das Nazi-Wort »Endlösung« an, denn mit der wollte man bekanntlich alle gesellschaftlichen und kulturellen Probleme in Deutschland mit der Vernichtung der Juden »lösen«.

Nils Köbel: Es ist übrigens kein Zufall, dass Personen mit extremistischen und fundamentalistischen Weltbildern davon überzeugt sind, dass ihre Haltungen zur Welt keine Deutungen sind, sondern die Wahrheit selbst abbilden. Bildungsprozesse können jedoch solche Ideologien erschüttern und aufbrechen. So wie bei dem bereits genannten Beispiel, dass man mit rassistischen Jugendlichen am besten Auslandsaufenthalte unternimmt, in denen sie neue Erfahrungen machen können, die ihre bisherigen Überzeugungen erschüttern.

Patrick Breitenbach: Also eigentlich bedeutet Konstruktivismus, so wie ich ihn jedenfalls verstehe, gedanklich immer in Bewegung zu bleiben. Und manchmal helfen gerade diese Erschütterungen – Watzlawick nennt sie übrigens »Paradoxe Interventionen« –, nicht auf der Stelle zu treten.

Übrigens wird der Konstruktivismus leider oftmals in eine Ecke mit dem Relativismus gestellt. So nach dem Motto »Na wenn doch eh alles nur konstruiert ist, dann ist ja im Grunde genommen alles egal«. Eben nicht. Relativismus ist auf der Stelle treten, aber im Konstruktivismus, wie er jedenfalls von Watzlawick und einigen anderen gedacht und gelebt wurde, geht es um den Zweifel an einer einzig wahren, wirklichen Wirklichkeit. Ein Zweifel, der eher dazu anregt, nie stehenzubleiben, nie einfach hinzunehmen und immer weiter zu hinterfragen, nachzudenken und neue Perspektiven der Wirklichkeit ins Spiel zu bringen.

Wenn wir beim Beispiel Rassismus bleiben: Ich glaube, ein Grund, warum Rassismus sich so immens in unserem kollektiven Gedächtnis, in unserer Kultur verankern konnte, war an einem gewissen Punkt auch die unerschütterlich wirkende Naturwissenschaft, die missbraucht wurde, um rassistisches Gedankengut zu manifestieren. Die Naturwissenschaft selbst galt als neue Form der Wahrheit. Sie schafft Wahrheit. Und so gab es zum Beispiel die Kraniometrie, die Schädelvermessung, die von einer rassistischen Ideologie vereinnahmt wurde. Daraus wollte man dann ableiten, dass bestimmte Rassen weniger intelligent seien, weil der Schädelumfang oder was auch immer geringer sei.

Und selbst die Evolutionstheorie von Darwin wurde von Faschisten und Rassisten missbraucht und seine umfassenden Naturbeobachtungen auf das rassistische Prinzip »Die stärkere Rasse setzt sich am Ende durch« gemünzt. Dabei unterlag man von vornherein schon einer mangelhaften Übersetzung, denn Darwin meinte schlichtweg: »Die sich anpassende Art überlebt.«

All diese naturwissenschaftlichen Ideen und Verfahren hatten diese Aura der Wahrhaftigkeit, eine sehr hohe, fast religiös anmutende Reputation. Früher war Gott die Wahrheit, und da war alles wahr, was von Gott und indirekt durch Propheten formuliert wurde, und plötzlich waren es die aufgeklärten Wissenschaftler, die Theorien entwickelten, die aber oftmals sofort als wahrhaftig hingenommen wurden und die auch kaum jemand kritisch hinterfragt hat.

Und von daher ist Konstruktivismus für mich persönlich ein ganz wichtiger Schutzmechanismus vor Ideologien und falschen Propheten, weil ich immer wieder die Möglichkeit habe, das Bestehende kritisch zu hinterfragen – und das ist für mich das genaue Gegenteil von Relativismus.

Und was hinzukommt: Ich stehe mit meiner eigenen Wirklichkeitskonstruktion immer in der Verantwortung. Ich bin selbst verantwortlich für mein Denken und Handeln, weil es eben auf meiner eigenen Konstruktion basiert, und zugleich bin ich mit meiner Konstruktion auch für die Konstruktionen der anderen verantwortlich, weil das ja immer auch ein gemeinschaftlicher Prozess ist, denn meine Wirklichkeit beeinflusst auch die Wirklichkeit des anderen. Und in dieser Verantwortung sehe ich eben auch ein permanentes Hinterfragen und weiteres Entdecken und Voranschreiten.

Nils Köbel: Der Glaube, dass wissenschaftliche Thesen ein für allemal bewiesen werden können, hatte seine Hochzeit wiederum im 19. Jahrhundert. Man versuchte, alle Hinweise, die eine wissenschaftliche Aussage belegen und unterstützen, zu sammeln, um auf diese Weise zu unwiderlegbaren Basissätzen zu gelangen.

Heute geht man eigentlich eher den umgekehrten Weg: Man versucht durch Experimente, eine wissenschaftliche Theorie zu überprüfen. Wenn eine Theorie den Überprüfungen standhält, bewährt sie sich, wenn nicht, ist sie widerlegt und muss durch eine neue Theorie ersetzt werden. Daher sind nur solche Experimente sinnvoll, die eine bestehende Theorie widerlegen könnten. Und nur die Theorien sind brauchbar, die einer solchen Überprüfung standhalten.

Seriöse Wissenschaft ist in diesem Sinne auf ständige Überprüfung ihrer Thesen aus und tastet sich durch Versuch und Irrtum nach vorne. In dieser Perspektive ist die Wissenschaftsgeschichte eigentlich eine Geschichte von stetig sich ablösenden Theorien über die Wirklichkeit, von Landkarten eben, die immer wieder ausgebessert werden.

Patrick Breitenbach: Leider hat die Popularität der eher mechanischen Naturwissenschaft, mit ihren Naturgesetzen aus Mathematik und Physik, auch unser Menschenbild geprägt. Das sieht man beispielsweise bei der Wirtschaftswissenschaft, die eigentlich eine Geisteswissenschaft ist, aber eher wie eine Naturwissenschaft behandelt wird. Wirtschaft, so die gängige Deutung, ist eine von menschlichen Beziehungen getrennte Disziplin. Eigentlich müssten wirtschaftliche Zusammenhänge eher kultur- und sozialwissenschaftlich gedeutet werden. Das geschieht derzeit nur partiell.

In der klassischen Wirtschaftslehre geht man von einem mathematisch-mechanistischen Menschenbild aus, das sogar einen Namen hat: Homo Oeconomicus. Ein von Werten wie Liebe,

Freundschaft oder Empathie getrenntes Wesen, das stets rein rational und materialistisch auf seinen eigenen Vorteil – den Preis – erpicht agiert. Der Wert wandelt sich zum Preis. Somit wurde nicht nur dort das komplexe menschliche Wesen zur trivialen Maschine degeneriert, die angeblich durch und durch berechenbar sei.

Ganz aktuell können wir das an so Themen wie Big Data und ihren Algorithmen erkennen. Dort geht man davon aus, dass unsere Welt durch viele kluge Formeln nicht nur abbildbar, sondern auch steuerbar ist. Sie sollen dann die schon angesprochenen PatEndlösungen liefern, um all unsere irdischen Probleme in den Griff zu bekommen. Sicher, Algorithmen sind durchaus sehr nützlich und können Teile der Wirklichkeit simulieren. Aber wir dürfen dabei nie die Speisekarte mit der Speise verwechseln und uns schon gar nicht auf diese Algorithmen als ultimatives Steuerungsinstrument verlassen.

Nils Köbel: Wo liegen denn da die Gefahren?

Patrick Breitenbach: Große Teile des Wertpapier-Marktes laufen heutzutage automatisiert ab. Das ist vor allem für die Aktienhändler ein Vorteil, weil sie sich Risiken und Chancen in Millisekunden berechnen lassen können und entsprechend Kauf und Verkauf blitzschnell abwickeln lassen können. Fatal wird es jedoch, wenn es zu unvorhersehbaren Krisen – in der Branche spricht man von »Schwarzen Schwänen« – kommt, und die automatisierten Verkäufe ein wenig durchdrehen und massive Kursrutsche provozieren. Normalerweise würden in so einer Situation Broker mit menschlicher Erfahrung ganz anders darauf reagieren als die Algorithmen, die so eine Komplexität gar nicht abbilden können, eben weil sie ja so unvorhersehbar ist.

Menschen sind kreativ, Maschinen sind derzeit eher ziemlich dumm, oder anders gesagt: Ein Algorithmus ist meines Erachtens nur so schlau wie der Programmierer, der ihn erschaffen hat, und dennoch *ist* der Algorithmus nicht der Programmierer. Und schließlich ist ein einziger Mensch, also ein Programmierer, eben auch nur ein bestimmter Repräsentant einer winzigen Teilwirklichkeit, also einer möglichen Perspektive von vielen. Die Komplexität der Welt wird durch dieses maschinelle Denken extrem trivialisiert, und dadurch können die oben beschriebenen Szenarien entstehen. Der entscheidende Punkt ist nicht die Kritik an Algorithmen, sondern die Kritik an der Abgabe der Verantwortung und Entscheidungskompetenz an solche Algorithmen.

Nils Köbel: Es gibt auch immer noch diesen Wunsch nach einer Weltformel, mit der wir alles erklären können, die uns auch die letzten Geheimnisse unseres Weltalls enthüllen kann. Das wäre ziemlich traurig, wenn wir diesen Wissensstand irgendwann erreichen würden.

Patrick Breitenbach: Dann würde vermutlich einfach alles nur erstarren. Aber dabei fließt es doch so schön.

Nils Köbel: Kein erstrebenswertes Ziel. Wir können uns glücklich schätzen, dass wir die Welt nicht auf einen Algorithmus oder eine Formel bringen können. Die Welt entzieht sich diesem Wunsch immer wieder, und das ist für alle Beteiligten gut so.

Patrick Breitenbach: Wir verändern die Welt ja auch permanent. Der Mensch steckt voller Kreativität, Empathie und Fantasie.

Nils Köbel: Ja, wir sind kreative, deutende Wesen. Wir bilden die Wirklichkeit nicht einfach nur ab, sondern rekonstruieren die Welt immer wieder neu. Wir sind nicht einfache Registrier- und Speichermaschinen, sondern verarbeiten unsere Erfahrungen mit der Welt in einer kreativen und schöpferischen Weise.

Ich habe neulich eine Diskussion gesehen, in der sich Astrophysiker über so schwer fassbare Phänomene wie die kosmische Hintergrundstrahlung unterhalten haben. Die sprechen dabei interessanterweise von »Theoriekandidaten«: Diese oder jene Theorie wäre ein guter Kandidat, um dieses oder jenes Phänomen zu erklären. Und der Kandidat muss sich erst mal behaupten, er muss zeigen, was er drauf hat, ob er den in ihn gesetzten Erwartungen gerecht werden kann.

Diese Wettkampfmetaphern finde ich hervorragend: Theorien über die Wirklichkeit konkurrieren miteinander, und man darf gespannt sein, wer in den überprüfenden Experimenten die Nase vorn hat. Und vielleicht gibt es in ein paar Jahren einen neuen Kandidaten, der alle anderen schlägt und eine noch viel bessere Erklärung für ein Problem liefern kann.

Patrick Breitenbach: An der Stelle müssen wir aber dann, wenn wir schon so viel darüber reden, eigentlich auch umgehend unseren Lieblingsphilosophen erwähnen.

Nils Köbel: Ja genau: Der Karl Popper. Der Popper Karl.

Patrick Breitenbach: Weil der das ja maßgeblich mitformuliert hat. Was genau hat Popper denn gesagt?

KARL POPPER

1902–1994
Wissenschaftsphilosoph

»Lasst Ideen sterben, nicht Menschen«

Nils Köbel: Also. Karl Popper hat genau dieses Wissenschaftsparadigma stark gemacht. Er hat gesagt, dass Theorien genau genommen gar nicht bewiesen werden können. Theorien können sich bewähren, wenn sie Überprüfungen standhalten, das heißt aber nicht, dass sie eines Tages nicht doch noch widerlegt und durch andere Theorien ersetzt werden. Er sagt: Wir haben die Wahrheit über diese Welt niemals in der Tasche.

Diese Einsicht führt bei Popper zu einer, wie ich finde, großartigen humanistischen Grundüberzeugung: »Lasst Ideen sterben, nicht Menschen.« Durch seine Sprachfähigkeit kann der Mensch Hypothesen aus sich heraus stellen und miteinander kämpfen lassen, ohne als Träger dieser Hypothesen selbst Schaden nehmen zu müssen. Theorien können ruhig untergehen. Fast alle sind irgendwann untergegangen, auch wenn sich einige ziemlich gut bewährt haben, wie etwa die Hypothese, dass die Erde sich um die Sonne dreht und nicht umgekehrt.

Patrick Breitenbach: Bei diesem Beispiel fällt mir eine Geschichte von Heinz von Foerster ein. Als der Mensch dachte, die Planeten drehen sich um die Erde, hatte er so lange recht, bis er auf einer planetarischen Konferenz einen Marsianer, einen Venusianer und jemanden vom Jupiter traf und sie sich heftig darum stritten, dass die Sterne sich jeweils um ihre Planeten drehten. Wer hatte nun recht? Jeder für sich genommen hatte ja aus der eigenen planetarisch zentrierten Sichtweise recht. Aber sobald alle ihren Standpunkt verließen und sich um die Sonne drehend wahrnahmen, ging die These wieder auf. Das Heliozentrische Weltbild war damit entworfen.

Das ist auch eine ganz wichtige Erkenntnis: Das meiste, von dem wir glauben, dass es die Wahrheit ist, wird aus einer anthropozentrischen Sichtweise, also einer Sichtweise vom Menschen aus, formuliert und gedacht. So wäre die Meta-Ebene ein Versuch, sich aus der eigenen Perspektive zu lösen, auch vielleicht aus der menschlichen Perspektive, um die Dinge von oben sehen zu können, wie die Bewohner der verschiedenen Planeten, die sich auf der Konferenz austauschen. Aber im Endeffekt bleibt alles immer sehr aus einer begrenzten Menschensicht heraus formuliert.

Nils Köbel: Wobei Karl Popper trotz allem am Wahrheitsbegriff festhält. Die Suche nach der Wahrheit ist die Motivationskraft unseres Forschens. Aber er betont, dass niemand diese Wahrheit in der Tasche hat. Ob es eine letzte Wahrheit gibt oder nicht, ist eine unentscheidbare Frage, aber Popper sagt, dass wir den Wahrheitsbegriff als regulatorisches und motivierendes Ideal brauchen.

Patrick Breitenbach: Ein berühmter Denker des Konstruktivismus, Ernst von Glasersfeld, hat den Begriff der Viabilität geprägt. Viabel ist etwas, das man auch »als vorübergehend gangbar« beschreiben kann. Für den Moment erfüllt etwas einen gewissen Zweck und besitzt eine Gültigkeit. Und zwar so lange, so wie Karl Popper das beschreibt, bis jemand kommt und diese Gültigkeit noch mal infrage stellt und im Endeffekt das scheinbar Gültige widerlegt.

Da steckt für mich ein ganz wichtiger Kern drin: Etwas ist gangbar. Damit bricht er dieses alte Paradigma des Entweder-oder auf, wozu der Mensch auch gerne neigt, nämlich in starken dualen Strukturen, wie gut oder böse oder richtig oder falsch, zu denken. Und diese Gangbarkeit eröffnet einem die Möglichkeit, das Sowohl-als-auch zu denken.

Nehmen wir mal als Beispiel die Geschlechterrolle. Da war der politische Diskurs der letzten 30 Jahre sehr geprägt von einer Entweder-oder-Rhetorik. Entweder man machte als Frau Karriere oder kümmerte sich um die Kinder. Das Sowohl-als-auch wurde eher selten in Betracht gezogen, und damit überstrahlte man den Diskurs. Man zwang die Menschen förmlich dazu, sich zwischen einer der beiden Optionen zu entscheiden. Heute wissen wir, dass ein Sowohl-als-auch nicht nur möglich ist, sondern auch praktiziert wird. Und erst in diesem Moment kann Politik ja neue Lösungen anbieten, wenn sie scheinbar vorher nicht vorhandene Mittelwege, Alternativen und Grautöne erkennt.

Nils Köbel: Also das Entscheidende sowohl am Bildungsbegriff, als auch beim konstruktivistischen Denken scheint mir die Forderung zu sein, nicht stehenzubleiben und das Denken abzustellen, sondern immer weiterzufragen. Die Welt ist so reichhaltig und vielfältig, dass eine letzte Lösung immer Skepsis hervorrufen sollte. Und: Die großen Fragen sollten nicht nur Berufsphilosophen und Wissenschaftlerinnen überlassen bleiben; jeder kann sich bilden und mitreden, auch wenn die Themen zunächst ungewohnt und sperrig erscheinen.

#3
WER KANN
WELTEN
BILDUNG
#2
AUFKLÄRUNG
#6, #8
IMMANUEL
KANT
WILHELM VON
HUMBOLDT
"KANTIANISCHE
WENDE"
RÜCKBLICK
SELBST GESTALTETE
PERSÖNLICHKEITSENTWICKLUNG
SCHUTZ GEGEN
MANIPULATION
RAHMENBEDINGUNGEN FÜR
WISSEN
ENTFACHEN DER
NEUGIER
FRIEDRICH
HEGEL
IDEALISMUS
#5
UNUMSTÖSSLICHKEIT
VORURTEILE
IDEOLOGIEN
PARADIGMEN
#5, #7
PARADIGMENWECHSEL
3 GROSSE "KRÄNKUNGEN"
VON
ZU
I WELTBILD
GEO ZENTRISMUS
HELIO-
ZENTRISMUS
KOPERNIKA-
NISCHE WENDE
II MENSCHENBILD
GOTTES SCHÖPFUNG
EVOLUTION
CHARLES
DARWIN
III BEWUSSTSEINSBILD
RATIONALITÄTSGLAUBE
UNTERBEWUSSTSEIN
FREUD
#1, #2

- VON OBJEKTIVISMUS ZU SUBJEKTIVISMUS

KONSTRUKTIVISMUS

- ≠ RELATIVISMUS
- HINTERFRAGEN
  - DE-KONSTRUIEREN
- WIRKLICHKEITEN
  - VIELE INTERPRETATIONEN
  - KONFLIKTE
- PAUL WATZLAWICK
  - "PatEndlösungen"
    - KOPFGELD AUF SCHLANGEN
    - EINWEISUNG DER BESUCHERIN
- HEINZ VON FOERSTER
  - → #6
  - PLANETARISCHE KONFERENZ
    - EINE FRAGE DER PERSPEKTIVE
- ERNST VON GLASERSFELD
  - "VIABILITÄT"
    - VORÜBERGEHEND GANGBAR

ICH SEIN? BILDER

KRITISCHER RATIONALISMUS

- ABLÖSUNG DER PARADIGMEN
- KARL POPPER
  - "LASST IDEEN STERBEN, NICHT MENSCHEN"
  - → #6

ES GIBT NICHT NUR EINE, SONDERN VIELE WIRKLICHKEITEN

= DIE GESCHICHTE DER WISSENSCHAFT IST EINE DER PARADIGMENWECHSEL

WISSENSCHAFT HILFT GEGEN BULLSHIT, KANN ABER AUCH ALS IDEOLOGIE MISSBRAUCHT WERDEN

TEIL 2 | WIR

KAPITEL 4 | DAS VERTRAUTE WIR

Familie, Liebe, Freundschaft

Patrick Breitenbach: Der erste Teil unseres Gespräches drehte sich rund um das Ich, die eigene Identität. Wie würdest du das jetzt noch mal in wenigen Sätzen kernig zusammenfassen?

Nils Köbel: Wir sind ja im ersten Kapitel eigentlich den Weg gegangen, den auch die gesamte Neuzeit gegangen ist: Wir beginnen mit dem Subjekt, wir beginnen mit dem Ich, das denkt und spricht. Im Mittelalter hätte man unser Buch ganz anders begonnen: Man hätte mit Gott angefangen und wäre dann zu der Welt gekommen und den Menschen.

Das Subjekt ist der Anfang jedes Erkennens, Denkens und Handelns. Und der Prozess des Erkennens läuft in zwei Richtungen: Zum einen geht das Denken in die Welt hinaus, indem wir versuchen, die Welt zu beschreiben und zu erklären. Zum anderen geht der Blick in uns selbst hinein, indem wir fragen: Wer bin ich, was sind meine Bedürfnisse, was macht meine Persönlichkeit aus? Bereits die Philosophie des 19. Jahrhunderts erkannte, dass die Frage »Wer bin ich?« und die Frage, wie man die Welt verstehen kann, eigentlich zwei Seiten einer Medaille sind, weil beide Fragen ihren Ausgangspunkt vom Subjekt nehmen, dem denkenden Ich, das eine Reise nach außen und innen antritt. Dieses Verständnis ist in der Neuzeit ganz stark geworden und prägt uns bis heute.

Patrick Breitenbach: Jetzt kommen wir also zum »Wir«. Vielleicht fangen wir auch an dieser Stelle mit einer Definition an? Was bedeutet denn eigentlich »Wir«?

Nils Köbel: Das »Wir« könnte man mit Ferdinand Tönnies und Max Weber – zwei Begründer der modernen Soziologie – aufspalten in zwei Bereiche: Es gibt das gemeinschaftliche Wir und das gesellschaftliche Wir. Das gemeinschaftliche Wir ist das Wir der Familie, der Freundschaft und der Partnerschaft, in dem meine ganze Person wichtig ist. Typisch für ein gemeinschaftliches Wir sind Sätze wie: »Du kannst mit mir über alles reden« oder »Ich bin immer für dich da«. Es geht also in Gemeinschaften nicht nur um Aspekte meiner Person, sondern um mich als ganzen Menschen. Prinzipiell kann alles, was meine Person betrifft, zum Thema werden.

Demgegenüber ist das gesellschaftliche Wir ein Kollektiv von Rollenträgern. Nicht meine ganze Person ist im Spiel, sondern nur ein Ausschnitt von ihr. Typisch hierfür ist die berufliche Rolle einer Person in einer Organisation. Wenn ich z.B. Chirurg in einem Krankenhaus bin, zählt für diese Rolle nicht mein Privatleben, sondern nur mein ganz konkreter medizinischer Auftrag. Mein Leben außerhalb des Operationssaals darf mich nicht ablenken, ich muss absolut professionell sein. Das ist übrigens auch der Grund, warum Chirurgen keine Familienangehörigen operieren dürfen: Das gemeinschaftliche, familiäre Wir würde meine funktionale Rolle im gesellschaftlichen Wir stören.

Patrick Breitenbach: Wobei man ja an der Stelle auch einwenden könnte, dass man auch in der Familie eine gewisse Rolle wahrnimmt.

Nils Köbel: Nur würde man doch sagen müssen, dass ein Vater, der seine Vaterschaft nur als gesellschaftliche Rolle begreift, seinem Kind wohl nicht das ganzheitliche Urvertrauen geben kann, das es braucht.

Patrick Breitenbach: Weil?

Nils Köbel: Na ja, weil man vom Vatersein oder Muttersein keinen Feierabend machen kann. Man kann nicht sagen »Ich bin jetzt von 9 bis 17 Uhr Vater oder Mutter, und danach bin ich nicht mehr zuständig für dich«. Ein Chirurg in seiner Rolle kann das sagen, muss es sogar.

Patrick Breitenbach: Na ja. Schon einleuchtend, aber es gibt ja, gerade wenn du von der Vater-/Mutterrolle sprichst, auch innerhalb von Familien ganz verschiedene Rollen. Da sind wir wieder mitten im Sowohl-als-auch. Ich bin einerseits Ehepartner, und dann bin ich zugleich oder abwechselnd in der Rolle des Vaters. Und aus eigener Erfahrung würde ich sagen, dass sich diese beiden Rollen ziemlich unterscheiden können.

Nils Köbel: Aber beides sind gemeinschaftliche Rollen. Ich kann auch zu meiner Frau nicht sagen »Ich bin nur von 9 bis 17 Uhr dein Mann, und danach hab ich Feierabend«.

Patrick Breitenbach: Aber ich setze in dem Moment des Vaterseins nicht meine gesamte Persönlichkeit meinen Kindern gegenüber ein, weil gewisse Persönlichkeitsfacetten behalte ich vielleicht ausschließlich meinem Partner vor.

Nils Köbel: Klar.

Patrick Breitenbach: Das heißt, dieses »ganz sein« ist in der Gemeinschaft auch nicht immer der Fall. Genau wie in einer Freundschaft. Also wir sind in einer sehr intensiven Freundschaft, aber es gibt ja unterschiedlichste Arten von Freundschaften. Wir gehen in unserer Freundschaft vielleicht ganz anders miteinander um als mit anderen Freunden. Wir haben vielleicht einen anderen Humor, haben andere Tabuthemen, sofern es sie gibt, oder sprechen auf einem ganz anderen Level als in anderen Freundschaften.

Nils Köbel: Es gibt viele Überschneidungen von gemeinschaftlichen und gesellschaftlichen Rollen. Aber ich glaube, was diese klassischen Soziologen meinten, ist eben: Die Verhaltenserwartungen sind bei rollenförmigem, gesellschaftlichem Verhalten ganz anders als im gemeinschaftlichen, privaten Bereich.

Für einen Chirurgen ist es ganz wichtig, dass seine Dienstzeit klar umrissen ist. Also ich komme in das Krankenhaus, und ich gehe nach meiner Schicht wieder nach Hause. Und wenn der Chirurg nach Hause kommt, hat er ein ganz anderes Verhältnis zu seinen Kindern und seiner Frau als zu seinen Patienten. Das meinen wir mit Professionalität in gesellschaftlichen Rollen und Positionen.

Gefährlich wird es, wenn ein Chirurg einen Freund, der ein neues Organ braucht, heimlich auf der Warteliste seiner Klinikabteilung nach oben setzt. Dann vermischt er das gemeinschaftliche Wir und das gesellschaftliche Wir, und das ist ungerecht. Als Chirurg muss er in seiner Rolle und das heißt professionell-unparteilich bleiben.

Talcott Parsons, ein amerikanischer Soziologe, hat diesen Unterschied als partikulare und universalistische Rollen beschrieben. Partikular heißt: Du als einzelnes Wesen bist für mich wichtig und unersetzbar. Ein Sohn oder eine Tochter kann nicht einfach ausgetauscht werden durch ein anderes Kind. Aber der Chirurg als universalistische Rolle kann ausgewechselt werden. Wenn er das Krankenhaus verlässt, weil er eine eigene Praxis eröffnen will, wird die Stelle neu ausgeschrieben. Bei einer Familie wäre ein solcher Vorgang natürlich undenkbar. Universalistische Rollen sind personell austauschbar, partikulare nicht.

Patrick Breitenbach: Ich glaube, der Kern des Ganzen ist dann tatsächlich Vertrauen. Vertrauen ist die notwendige Voraussetzung, um mich ganz und gar, so, wie ich gerade bin, darzustellen. Ich muss den Menschen und der Gemeinschaft vertrauen können, wahrhaftig zu sein. Und ich kann ja, wie du eben schon gesagt hast, auch alles in die Waagschale werfen auf gesellschaftlicher Ebene. Meine ganze Persönlichkeit einbringen und mich sehr offen und damit auch verletzbar zeigen. Vertrauen erhalten und Vertrauen geben.

Interessant wird es doch dann, wenn ich mich in Kontexten bewege, wo Intimität wirklich zum Problem werden könnte. Das ist zum Beispiel in einem Lehrer-Schüler-Verhältnis der Fall, aber auch in jedem anderen beruflichen Kontext, bei dem Hierarchie und Produktivität eine größere Rolle spielen. Es könnte zum Beispiel problematisch werden, wenn persönliche Beziehungen über der sachlichen Beurteilung der Arbeit stehen, Stichwort Vetternwirtschaft. Das birgt die Gefahr in sich, dass am Ende vielleicht die Produktivität leidet, weil ich einen guten Kumpel einstelle – in Bayern sagen wir Spezi –, obwohl derjenige vielleicht schlechtere Arbeit leistet als andere.

Andersherum könnte eine gute Beziehung natürlich auch zu einer höheren Produktivität beitragen, weil die Beziehungsebene gefestigt ist und somit Konflikte auf dieser Ebene weniger Zeit und Energie fressen und mehr Konzentration für die Arbeit auf der Sachebene bleibt.

Nils Köbel: Stimmt, in unserer Gesellschaft ist der Produktivitäts- und Effizienzgedanke sehr wichtig. Das führt uns auch zu der Frage nach dem gesellschaftlichen und gemeinschaftlichen Wir. Aufgaben müssen erledigt werden, damit die Gesellschaft bzw. ihr wirtschaftlicher Aspekt funktioniert und die Arbeitsteilungen reibungslos ablaufen. Deshalb haben wir in unseren modernen Gesellschaften diese universalistischen Rollen ganz stark in den Vordergrund gestellt. Von vielen Menschen wird erwartet, dass sie ihre persönlichen, gemeinschaftlichen Zeiten verringern und ihre Rollen verlängern. Viele Menschen nehmen in diesem ganz wörtlichen Sinne ihre Arbeit oft mit nach Hause. Auf Kosten von

Familie, Freundschaften und Partnerschaften. Für die bleibt dann manchmal nur wenig »Quality time« übrig.

Patrick Breitenbach: Und das ist ja gleichzeitig auch wiederum der Knackpunkt unserer Moderne und gerade unseres kapitalistischen Systems: Das Menschsein, mit all seinen Finessen und Tücken, rückt immer stärker in den Hintergrund bzw. wird regelrecht in den Hintergrund gedrückt. Natürlich profitiert eine Betriebs- oder Volkswirtschaft von Produktivität, Effizienz und dem wirtschaftlichen Schöpfungsgrad, aber zugleich steckt natürlich die Bedrohung dahinter, dass der Mensch sich irgendwann selbst wegkürzt und sich überflüssig macht.

Wozu dann noch der ganze Aufwand? Für wen sind wir denn eigentlich effizient? Für die Allgemeinheit, für mehr Lebensqualität oder nur für die Stakeholder und die Zahlen in der Bilanz einer entmenschlichten Organisation?

Nils Köbel: Viele Soziologen und Philosophen haben darauf hingewiesen, dass die funktional geordnete Arbeitswelt immer stärker gemeinschaftliches Leben »kolonialisiert«. Immer häufiger beurteilen Menschen auch ihre privaten Beziehungen nach Effizienzkriterien: Was bringt mir die Freundschaft mit xy für meine berufliche Laufbahn? Lohnt es sich, mit xy einen Kaffee trinken zu gehen? Oder ist seine gesellschaftliche Position meine kostbare Zeit vielleicht gar nicht wert?

Die wertvollen Gemeinschaften unseres Lebens, die sich eigentlich durch ganz andere Kriterien auszeichnen, werden von diesen Effizienz- und Funktionalitätsgedanken bedroht. Oder auch die Vereinbarkeit von Familie und Beruf. Das ist ein ganz wichtiges Thema. Wie kann man Familien davor schützen, dass Effizienz und Funktion den Alltag bestimmen? Kinder brauchen natürlich Zeit zum Spielen und Quatsch machen, das ist eben gerade keine Zeitverschwendung. Aber wie sieht das bei

Erwachsenen aus? Denen wird diese Zeit zunehmend abgesprochen.

Patrick Breitenbach: Ein großes Beispiel für die Perversität dieser Sache ist ja dieses »Social Freezing«, ein Verfahren, bei dem man die unbefruchteten Eizellen von Frauen einfriert, am besten bevor sie 35 werden, um ihnen die Gelegenheit zu geben, dann im späteren Alter noch schwanger zu werden und Kinder zu bekommen. Diese Methode wurde ursprünglich entwickelt für junge, an Krebs erkrankte Patientinnen, die sich einer Chemotherapie unterziehen müssen, die dann die Gefahr der Unfruchtbarkeit mit sich bringt.

Mit dieser Methode locken plötzlich moderne Arbeitgeber wie Facebook oder Apple junge Frauen an, damit sie Karriere und Familie besser miteinander vereinbaren können, indem sie nämlich zuerst Karriere machen, also wenn sie noch jung, frisch und engagiert sind, und dann, wenn sie quasi ausgebrannt sind, können sie ja ihre Kinder bekommen und in Rente gehen. Überspitzt ausgedrückt.

Nils Köbel: Primat der wirtschaftlichen Effizienz vor dem gemeinschaftlichen Wir.

Patrick Breitenbach: Genau. Da wird es natürlich schon ein bisschen gruselig.

Nils Köbel: Ziemlich gruselig sogar. Was heißt das für die Familie?

Patrick Breitenbach: Löst sich dann der Familienbegriff eigentlich immer stärker auf?

Nils Köbel: Mhm. Lass uns vielleicht kurz definieren, was eine Familie eigentlich ist. Familien sind nach modernen Definitionen Gemeinschaften mit einer biologisch-sozialen Doppelnatur. Rosemarie Nave-Herz, eine bedeutende Familienforscherin, betont, dass es in Familien immer um zwei Dinge geht.

Zunächst ist die biologische Bedeutung der Reproduktion entscheidend: Kinder werden geboren, ernährt und gepflegt, sodass sie sich gesund entwickeln können. Andererseits werden Kinder in Familien erzogen und sozialisiert, sie lernen gesellschaftliche Regeln, Werte und Normen kennen.

Angesichts dieser biologisch-sozialen Doppelnatur sind in Familien bestimmte Mitgliedschaften einzigartig: Die Bezeichnungen Vater, Mutter, Sohn, Tochter, Bruder, Schwester, Tante, Onkel etc. sind nur Familien vorbehalten. Außerhalb von Familien können sie nur bildlich oder symbolisch verwendet werden. Diese gemeinschaftlichen Positionen haben somit einen exklusiven Charakter.

Für Nave-Herz ist vor diesem Hintergrund das Generationenverhältnis in Familien entscheidend. Auch alleinerziehende Väter und Mütter bilden mit ihren Kindern Familien. Aber wenn zwei Menschen zusammenkommen und eine Ehe schließen, dann ist dies noch keine Familie. Sie entsteht erst, wenn eine nächste Generation geboren wird. Die Beziehungen in Familien zeichnen sich durch eine hohe Interaktionsdichte und Leibgebundenheit aus: Eltern kuscheln mit ihren Kindern, sie wickeln sie, füttern sie, bringen sie ins Bett usw. Tiefste Gefühle werden miteinander geteilt: Urvertrauen, Glück und Freude, aber auch Traurigkeit, Angst und Wut.

Patrick Breitenbach: An dem Punkt folgt dann auch der Konflikt mit unserer heutigen Arbeitswelt. Du hast es ja vorhin schon angesprochen: Quality time. Das wäre dann der Zeitraum, in dem diese dichte Interaktivität und körperliche Nähe eigentlich stattfinden kann. Aber wenn Menschen die meiste Zeit für die Karriere im Büro sitzen oder zum Teil noch die Arbeit mit nach Hause nehmen, leidet ja genau das. Ist das vielleicht mit ein Grund, warum es manchmal den Anschein hat, dass der Familienbegriff brüchig wird?

Nils Köbel: Das ist einer der Gründe, warum Familien in Industriegesellschaften wie Deutschland weniger werden. Jedoch gibt es viele unterschiedliche Aspekte, die man bei dieser Frage beleuchten muss. Tatsächlich steigt die Scheidungsrate kontinuierlich an. Das hängt aber interessanterweise nicht damit zusammen, dass Menschen die Familie als Lebensform gering schätzen, eher im Gegenteil: Wenn man sich die Geschichte der Familie anschaut, kann man sagen, dass die Familie immer stärker mit Emotionen aufgeladen wird.

Eine Ehe wird nicht mehr wie in traditionalen Gesellschaften aus wirtschaftlichen Gründen geschlossen, sondern man heiratet aus Liebe und möchte in einer Partnerschaft glücklich sein. Das heißt, die Basis des Ehe-Ideals ist die Zuneigung. Und mit dieser emotionalen Bestimmung wird auch der emotionale Anspruch an eine Ehe immer höher. Wenn die Ehe nicht mehr zum Lebensglück beiträgt und man vielleicht sogar das Gefühl hat, man wäre ohne den Ehepartner glücklicher, dann ist man viel schneller bereit, die Beziehung zu beenden und sich scheiden zu lassen. Daher stellt die Bestimmung der Ehe als Liebesbund zwar eine große Bereicherung für die Selbstverwirklichung dar, sie bedeutet aber zugleich eine große Gefährdung für die langfristige Stabilität einer Ehe.

In Bezug auf den Kinderwunsch kommt noch etwas hinzu: Viele Paare bleiben zunächst kinderlos, weil sie sich in Beruf und Karriere verwirklichen wollen. Und dann stellen manche Paare nach den Jahren fest, dass es zu spät ist, Kinder zu bekommen. Oder sie haben sich an das Leben zu zweit gewöhnt und wollen gar keine Kinder mehr.

Patrick Breitenbach: Da stecken ganz viele interessante Aspekte dahinter, die ich genauer beleuchten möchte. Diese Romantisierung von Ehe, die du angesprochen hast, da sind wir ja ganz schnell auch bei den Faktoren, die wir bei der Identitätsbildung hatten, nämlich die Narrative, die Erzählungen, die über das Thema Ehe im Umlauf sind, beispielsweise medial. Ich vermute, dass diese Romantisierung unmittelbar aus der Popkultur stammt, sowohl Musik wie auch Film, wo diese klassischen Liebesschnulzen mit Happy-End-Garantie einem eine Welt suggerieren, wie sie zwar ideal sein mag, die aber selten mit der Wirklichkeit übereinstimmt.

Allerdings merkt man auch in diesem Bereich einen Wandel. Ich würde behaupten, die Filme der Fünfziger- und Sechzigerjahre rund um die Liebe wurden ganz anders inszeniert, als es heute der Fall ist. Heute findet man in ganz vielen Bereichen wesentlich mehr Komplexität und Vielschichtigkeit in den Themen vor. Gerade beliebte Fernsehserien wie *Breaking Bad* oder *Sopranos* zeichnen vielfältige und zwiespältige Familienkonstellationen. Aber ich glaube, dass diese Romantisierung der Vorzeit mit dazu beigetragen hat, dass auch dieser Anspruch real bei den Menschen besteht. Wenn ich das sehe, muss ich zwangsläufig jeden Tag super glücklich sein. Wenn ich meinen Partner sehe, darf es keinen Streit geben, weil dann ja die gesamte Romantik infrage gestellt wird.

Nils Köbel: Diese emotionelle Aufladung kann man geschichtlich einordnen. In der Ständegesellschaft des Mittelalters war Ehe und Familie vor allem ein Instrument der Macht- und Herrschaftssicherung. Es gab eine direkte Weitergabe von Macht und Herrschaft als Familienerbe. Königskinder wurden nach dem Tod des Vaters bzw. der Mutter zwangsläufig Thronfolger, leider ohne Prüfungen und Eignungstests. Ganz nach dem Motto: Der König ist tot, lang lebe der König. Genauso war es mit jedem anderen

Stand, in den man hineingeboren wurde. Dort blieb man, unabhängig davon, was man geleistet hat.

Erst mit den bürgerlichen Revolutionen des 18. Jahrhunderts, die die Ständegesellschaften zerstört haben, brauchte man eine neue Basis für die Familie. Die Weitergabe des sozialen Status über die Erbfolge brach zusammen und wurde abgelöst durch die Idee, dass Leistung und Fleiß des Einzelnen entscheidend für seine gesellschaftliche Stellung sind. Dies wurde das Ethos des Bürgertums, das bis heute unser Verständnis von Leistung und Erfolg entscheidend prägt. Und damit verbunden hat sich das bürgerliche Leitbild der Familie herausgebildet mit der romantischen Liebe als emotionaler Grundlage. Männer mussten erfolgreich, fleißig und ehrgeizig sein, Frauen anmutig und schön, treu und ergeben. In der Moderne traten dann weitere Umwälzungen hinzu, die man als Differenzierungsprozesse bezeichnet.

Patrick Breitenbach: Was heißt das?

Nils Köbel: Viele Aufgaben, die ursprünglich von der Familie übernommen wurden, werden ausgelagert, es finden quasi Outsourcings statt. Und davor gab es ein Outsourcing der romantischen Gefühle. Bestes Beispiel hierfür ist wiederum die Bildung. In traditionalen Gesellschaften haben die Eltern ihren Kindern alles gezeigt, was sie für ihren Stand brauchten: Handwerker haben ihr Können an die nächste Generation vermittelt, Bauern haben ihren Kindern gezeigt, wie man das Feld bestellt und die Kühe melkt. Doch als im Zuge der Industrialisierung große Betriebe und Fabriken entstanden, musste der Vater die Familie tagsüber verlassen, um auf die Arbeit zu gehen. Er konnte seine Kinder nicht mitnehmen und ihnen zeigen, was er tut.

Da die Berufe zudem komplexer wurden, war es nötig, Schulen zu errichten. Bildung fand nicht mehr länger nur in der Familie statt, sondern geriet ins öffentliche Leben. Hierdurch entstand übrigens auch das Jugendalter als Lebensphase: In der Schul- und Ausbildungszeit konnten Jugendliche einen eigenen Lebensstil entwickeln, der sich von dem der Erwachsenen unterschied. Die ersten Jugendkulturen und Peergroups, also soziale Gruppen, formten sich aus.

Im Laufe des 19. und 20. Jahrhunderts wurden immer mehr Aufgaben der Familie ausgelagert. Neben den Schulen entstanden Kindergärten, Kitas, Kinderkrippen, bis hin zu Horten und Nachmittagsbetreuungen in Ganztagsschulen, die die Familien entlasten und ergänzen. Die Familie wird zunehmend zu einer Gemeinschaft der Intimität, in der die emotionale Bindung zu den Kindern im Zentrum steht und von der die gesellschaftlichen, funktionalen Belange nach und nach abgekoppelt werden.

Der zweite wichtige Punkt in diesem Zusammenhang ist der sogenannte Pluralisierungsprozess. Er beschreibt das Phänomen, dass zum klassischen bürgerlichen Familienmodell – bestehend aus Vater, Mutter, Kind – neue Familienformen hinzutreten: Es gibt alleinerziehende Mütter und Väter, Patchwork-Familien, in denen ein Elternteil seine Familie in eine neue Beziehung miteinbringt, und vieles mehr. Diese Vielfalt von Familienformen, die in modernen Gesellschaften allmählich zur Normalität wird, bezeichnet man als Pluralität.

Patrick Breitenbach: Verläuft diese Entwicklung nicht fast schon ein wenig wellenförmig? Vor dem Bürgertum hatte man ja so etwas wie die Zwangsheirat, also da war man dann fremdbestimmt, und Romantik hat eher selten eine Rolle gespielt. Dann kam aber eine Welle der Romantisierung und mit ihr die Idee einer selbstbestimmten Ehe inklusive Liebesgefühle. Vorher war das eben nicht zwangsläufig der Fall, dass es eben auch Liebe sein musste.

Nils Köbel: Früher war das sogar eher hinderlich. Liebe war eine Gefahr, man war der Auffassung, dass Liebe eine Ehe verkompliziert und belastet. Die wirtschaftliche Basis der Ehe galt als viel verlässlicher und berechenbarer. Natürlich haben sich auch Menschen im Mittelalter ineinander verliebt, aber das war noch lange kein Grund, diese Person auch zu heiraten.

In der Literatur wurde dieses Thema häufig aufgenommen. Da wird etwa beschrieben, dass der Ehemann beim Familienessen immer zu seiner Schwägerin schaut, weil er sich eigentlich in sie und nicht in ihre Schwester verliebt hat. Große Romane zu Beginn des 19. Jahrhunderts, wie »Stolz und Vorurteil« von Jane Austen, versuchen, den Übergang von arrangierten Ehen zu Liebesheiraten zu beschreiben. Da schaut die Mutter noch sehr auf das Einkommen und den Besitz der auserwählten Junggesellen, aber die Töchter orientieren sich bereits viel stärker an ihrem Gefühlsleben und versuchen gewissermaßen, romantisch-wirtschaftliche Win-win-Situationen herzustellen.

Und seitdem die romantische Liebe immer stärker die Begründungsbasis für die Ehe darstellt, wird Liebe als Forderung immer bedeutender. Du musst deinen Ehepartner lieben, und wenn dieses Gefühl gestört ist oder gar versiegt, stimmt etwas grundsätzlich nicht. Dies ist eines der stärksten Narrative unserer Zeit, glaube ich, das ja auch mit viel psychischem Druck verbunden ist.

Patrick Breitenbach: Und heute hat es zum Teil den Anschein, als ob wir in manchen Zusammenhängen eine Art Gegenwelle erleben. Karriere wird häufig über die Romantik gestellt. Romantische Begegnungen werden öfters mal mit dem jeweiligen Terminkalender abgestimmt.

Nils Köbel: Ich glaube, das gibt es heute oft. Ich finde es interessant, dass du gesagt hast, es schlage zurück in die Strategie. War in traditionalen Gesellschaften Familie stark durch die Zugehörigkeit zu einem bestimmten gesellschaftlichen Stand geprägt, sind es heute vor allem wirtschaftliche Faktoren, wie Mobilitätsaspekte,

Sicherheitsinteressen oder Karrierewege, die die Familienplanung und das Familienleben von vielen Menschen beeinflussen.

Patrick Breitenbach: Das ist dann wohl auch eine Frage der Einstellung. Eigentlich lassen sich zwei Grundhaltungen ausmachen: Für die einen ist die Karriere der Klotz am Bein im Familienleben, bei den anderen gestaltet sich das umgekehrt. Für sie ist eine Familie eher hinderlich für die Karriere, siehe Social Freezing.

Nils Köbel: So empfinden das viele.

Patrick Breitenbach: Jetzt haben wir den Begriff der Familie diskutiert, der ja im Grunde auch eine sehr enge biologische Bindung besitzt, wobei wir ja spätestens beim Thema Social Freezing gemerkt haben, dass diese biologische Komponente gar nicht mehr so entscheidend ist. Heute kann man auch mehr oder minder künstlich Leben erschaffen, braucht also gar nicht mehr einen leibhaftigen Partner. Auch das ist eine interessante Komponente, weil du vorher gesagt hast, Familie definiert sich über diesen Dreiklang, zwei Partner und Kind. Aber in dem Fall wird ja selbst das brüchig. Kann man also in dem Fall einer alleinerziehenden Mutter, die ihr Kind einer künstlichen Befruchtung verdankt, noch von der klassischen Familie sprechen?

Nils Köbel: Es stellt sich auch die Frage, welche Auswirkungen diese neuen Techniken auf die Erziehung und die Sozialisation haben. Es gibt wohl auch Kinder, die wissen, dass sie mit einer Samenspende gezeugt worden sind, und sich irgendwann im Leben auf die Suche nach ihrem leiblichen Vater machen. Das finde ich interessant, weil es darauf hindeuten würde, dass die Frage, wer wir sind, direkt mit der Frage verbunden ist, wo wir herkommen, wer uns gezeugt und auf die Welt gebracht hat.

Patrick Breitenbach: Damit fasst du ja auch schon ein heißes Eisen an, zum Beispiel gleichgeschlechtliche Familien.

Nils Köbel: Also ich will überhaupt nicht sagen, dass solche Familiengründungen ein Problem darstellen und dass Kinder in gleichgeschlechtlichen Familien auch nur einen Deut weniger glücklich aufwachsen können als in anderen Familien. Ich glaube aber, dass Offenheit und Ehrlichkeit für Kinder äußerst wichtig sind. Kinder haben ein Recht zu wissen, wo sie herkommen und wer die biologischen und sozialen Eltern sind, falls diese nicht identisch sind. Kinder wollen immer Klarheit haben in ihren Beziehungen. Das trifft übrigens auch auf das Thema Adoption zu: Die Zeit, in der man Kindern verheimlicht hat, dass ihre Adoptiveltern nicht ihre leiblichen Eltern sind, ist glücklicherweise vorbei.

Patrick Breitenbach: Was immer wieder in letzter Zeit aufpoppt, ist der Begriff der polyamorösen Beziehung. Im Begriff »Liebe und Ehe« steckt ja auch immer ganz stark die Idee der Monogamie drin. Ich darf am Ende nur einen Menschen lieben, was ja gesamtgesellschaftlich eigentlich ein unfassbares Problem erzeugt, weil Liebe dadurch sehr reduziert wird auf die erotische Komponente.

Sex mit mehreren Partnern, gleichzeitig und nebenher, ist verpönt, wobei sich Liebe natürlich auch auf einer nichtsexuellen Ebene abspielen kann, dann geht es um so Dinge wie Aufmerksamkeit. Da gibt es sehr viele konkurrierende Aspekte. Sogar die Arbeit kann konkurrieren mit der Liebe. Es geht also um Zuneigung, und der Gedanke, dass Zuneigung immer nur auf eine Person fixiert sein muss, ist allgemein vorherrschend. Ist das überhaupt noch zeitgemäß oder was für Probleme entstehen dadurch?

Nils Köbel: Das romantische Beziehungsideal beinhaltet auch die Forderung, Sexualität und Liebe untrennbar miteinander zu verbinden. Diese gewünschte Synthese ist ebenfalls eines der Hauptthemen in modernen Gesellschaften. Unzählige Beziehungsratgeber sprechen zum Teil ganz unterschiedliche Empfehlungen aus, wie man Spannungsverhältnisse in diesem Bereich bearbeiten kann: Manche fordern ein Zurück zum bürgerlichen Ideal der tugendhaften Ehe, andere verlangen, dass Seitensprünge in Ehen nicht länger verpönt und tabuisiert werden sollten, einige ermutigen zur Scheidung, andere zu mehr Geduld in Partnerschaften und so weiter und so fort.

Ich glaube, dass all dies Versuche sind, die mit der Liebesehe verbundenen großen Ansprüche an uns selbst und den anderen in den Griff zu bekommen. Auch in traditionalen Gesellschaften gab es Seitensprünge. Das wurde nie gesagt, aber jeder wusste es. Es war ein offenes Geheimnis.

Mit Sigmund Freud könnte man sagen, dass sich unser Über-Ich in diesem Bereich verändert hat. Viele Menschen haben ein Idealbild der Ehe in sich verankert, das häufig zu Enttäuschungen führt, weil niemand diesen Ansprüchen gerecht werden kann. Wir reden heute oft davon, dass alles möglich sei, aber in diesem Bereich haben wir häufig sehr blockierende Vorstellungen und Überzeugungen. Der Satiriker Ephraim Kishon trieb diesen Befund einmal auf die Spitze, indem er sagte, die Ehe sei neben der Einkommensteuer das größte Fiasko der Menschheit: man sei laufend zum Betrug gezwungen.

Patrick Breitenbach: Jetzt waren ja vor allem die Sechzigerjahre besonders prägend für einen radikalen Bruch mit der monogamen Idee und mit diesen ganzen klassischen familiären Strukturen. Da wurde die Familie zum Teil ersetzt durch die aufpoppenden Kommunen, eine Idee, die sich maßgeblich aus der Studentenbewegung heraus entwickelt hat.

Nils Köbel: Genau. In den Fünfziger- und Sechzigerjahren waren die Konventionen und bürgerlichen Normen sehr mächtig und übten einen enormen Druck aus. Zu dem Idealbild der bürgerlichen Ehe mit Kindern, beruflicher Stabilität und Sicherheit gab es praktisch keine Alternative. Diese Konventionen wurden dann zunehmend hinterfragt, und es wurde der Ruf nach alternativen Lebensformen laut. Die legendären sozialen Bewegungen der späten Sechzigerjahre versuchten dann, den bisher gültigen gesellschaftlichen Normen neue Gemeinschaftsideen gegenüberzustellen. Eine dieser Ideen bestand in Kommunen, die ein Höchstmaß an individueller und gemeinschaftlicher Freiheit präsentieren wollten.

Patrick Breitenbach: Jetzt muss man vielleicht auch mal hinterfragen, was die Funktion von Ehe und von Treue in der Ehe ist. Die haben ja offenbar irgendeine wichtige Funktion, nämlich so etwas wie Stabilität und Verlässlichkeit. Gerade wenn Kinder im Spiel sind, muss sich ein Partner auf den anderen verlassen können, um am Ende die Last und Verantwortung nicht alleine zu tragen.

Nils Köbel: Genau. Ich glaube auch, dass Verlässlichkeit und Stabilität elementar wichtig sind für Familien, denn ohne diese Werte kann sich kein Vertrauen zwischen Kindern und ihren Eltern aufbauen. Erik Erikson, den wir schon im Kapitel über Identität kennengelernt haben, betont, dass die Bildung von Urvertrauen die entscheidende Entwicklungsaufgabe der frühen Kindheit ist. Das Vertrauen, das ein Kind zu einer Bezugsperson aufbaut, ist so wichtig wie die Luft zum Atmen, da es das Kind hoffnungsvoll in die Welt hineinführt.

In unserem Kulturkreis wird diese erste Bindung meistens mit der Mutter hergestellt, jedoch kann auch eine andere Person dem Kind dieses Vertrauensverhältnis bieten. In früheren Gesellschaften waren es häufig Hausmädchen, die sich um die Kinder kümmerten. Heute ist die pädagogische Frage, ob Krippen oder Nannys förderlich oder hinderlich für die frühe Entwicklung des

Urvertrauens sind, sehr aktuell: Tun wir den Kindern etwas an, wenn wir sie schon in den ersten Lebensmonaten in eine Krippe bringen? Ab welchem Alter sind diese Betreuungsformen sinnvoll? Oder klappt es in einer Krippe vielleicht sogar besser als in manchen Familien, weil dort eine Stabilität und Verlässlichkeit vorhanden ist, die in den Familien fehlt? Wie muss eine Krippe personell ausgestattet sein, damit sie diese Leistungen erbringen kann? Diese Fragen werden heute in der Erziehungswissenschaft intensiv diskutiert.

Patrick Breitenbach: Ich glaube, auch Treue kann man in dem Kontext von Vertrauen betrachten. Treue wird oftmals reduziert auf den Seitensprung, auf den sexuellen Ausrutscher, aber ich denke, dahinter steckt eigentlich die Angst, dass mit dieser anderen Person eine neue Bindung eingegangen wird, die die eigene obsolet macht und damit bedroht. Deswegen gibt es ja auch offene Beziehungen, in denen man sich ganz klaren Regeln unterwirft und behauptet, dass Seitensprünge auf beiden Seiten völlig okay sind, sofern diese absolute Verlässlichkeit garantiert ist.

Nils Köbel: Ich habe mal ein Fortbildungsseminar gemacht bei einer amerikanischen Psychotherapeutin, die auch viel mit Paaren gearbeitet hat. Sie sagte mit einem wunderbaren amerikanischen Akzent: »Offene Beziehungen zu leben bedeutet, mit Dynamit zu spielen. Das ist saugefährlich, es heißt aber nicht, dass man nicht mit Dynamit spielen darf. Nur wenn man es macht, muss man wissen, was man tut, und muss auch die Risiken realistisch sehen. Dann kann man sich natürlich dafür entscheiden, mit Dynamit zu spielen, sollte aber nicht überrascht sein, wenn es explodiert.« Ich fand dieses Bild ganz gut, denn es bedeutet, dass ich mir immer die Frage stellen muss, welche Konsequenzen mein Verhalten haben kann und ob mir das Risiko die Sache wert ist.

Patrick Breitenbach: Was würde eigentlich der gute alte Sigmund Freud zur Liebe sagen? Ist es eher ein Trieb?

Nils Köbel: Er würde ganz klar sagen, dass Sexualität ein Trieb ist, und zwar einer der stärksten überhaupt. Der Fortpflanzungstrieb ist so alt wie das Leben selbst.

Patrick Breitenbach: Dazu muss man aber nicht lieben.

Nils Köbel: Das stimmt, man kann das alles auch ganz funktional betrachten: Wir sind Säugetiere, die sich nicht wie Bakterien klonal vermehren, sondern geschlechtlich. Der Vorteil dieser Fortpflanzungsart besteht in der Mischung zweier Genpools, die eine große Merkmalsstreuung ermöglicht. Menschen haben einen unterschiedlichen Körperbau, sind unterschiedlich groß und schwer und so weiter. Diese Variationen beinhalten einen evolutionären Vorteil, da wir wie alle Tiere mit verschiedenen Lebensbedingungen ganz gut zurechtkommen und anpassungsfähig sind. Jedoch besteht ein großer Unterschied zwischen Menschen und Tieren. Wir werden im Vergleich zu unseren tierischen Verwandten mit wenigen Instinkten und natürlichen Werkzeugen geboren. Wir haben kein Fell, keine Klauen und keine Reißzähne.

Der Anthropologe Arnold Gehlen bezeichnete uns deshalb auch als Mängelwesen, die eigentlich ziemlich schwach und hilflos auf die Welt kommen. Aber dieser Mangel macht uns auch extrem weltoffen. Wir sind nicht an ein bestimmtes Ökosystem gebunden, sondern können unsere Umwelt gestalten und daher fast überall auf dem Planeten leben und uns ausbreiten.

Aber unsere Kinder müssen erst mal sehr lange gepflegt, behütet und erzogen werden, bis sie selbstständig leben können. Dafür müssen wir ihnen in den frühen Jahren ihres Lebens stabile, verlässliche Strukturen bieten. Liebe könnte man als Klebstoff verstehen, der Elternpaare zusammenhält, um diese Funktion für ihren Nachwuchs zu erfüllen. Und dies bedeutet, seinen Fortpflanzungstrieb nicht ständig unkontrolliert auszuleben, sondern in eine dauerhafte Partnerschaft zu lenken.

Patrick Breitenbach: Das heißt also, so was wie die Kopplung von Sexualität und Liebe, also dass man das als Ideal sieht, beides in Einklang zu bringen, ist nichts anderes als ein Werkzeug der Zivilisierung und der Triebreduzierung.

Nils Köbel: Ja. Und der Triebsublimierung. Der Umwandlung von Trieben in kulturelle Formen.

Patrick Breitenbach: Weil wir dann in dem Moment einen Überprüfungsfaktor haben, zu sagen, ist das jetzt eine rein triebgesteuerte Handlung oder steckt da mehr dahinter.

Nils Köbel: Wir sind beides, triebgesteuerte Naturwesen und Kulturwesen. Wir haben Bedürfnisse, Begehrlichkeiten, Geschichte und Zivilisation. In diesem Spannungsfeld bewegen wir uns.

Jedes Kind muss neu lernen, dieses Verhältnis auszubalancieren. Das lernt es zunächst in der Familie. In den ersten Lebensjahren ist das die Hauptaufgabe.

Patrick Breitenbach: Vielleicht noch mal zu dem Begriff der Freundschaft. Wie kann man ihn abgrenzen von Liebe und Partnerschaft?

Nils Köbel: Wenn Kinder mit zwölf, dreizehn Jahren in die Pubertät kommen und damit ins Jugendalter eintreten, gibt es das Bedürfnis bei den meisten Kindern, die starken Bindungen zu den Eltern etwas zu lösen und Kontakt zu Gleichaltrigen aufzubauen. In diesem Alter wird deshalb das Thema Freundschaft sehr wichtig. Viele Jugendliche neigen dazu, Peergroups zu bilden oder sich einer Peergroup anzuschließen. Peer heißt in diesem Zusammenhang gleichaltrig und gleichrangig. Peergroups sind Freundschaftsgruppen, früher nannte man sie Cliquen, die eine bestimmte Kommunikationsstruktur aufweisen. Sie sind von Begegnungen auf Augenhöhe geprägt. Anders als in Familien, in denen die Beziehungen zwischen Eltern und Kindern immer bereits hierarchisch geordnet sind, gibt es bei Jugendlichen keine Machtstruktur per se. Meine Mutter sagt mir, wann es Zeit ist, schlafen zu gehen, meine beste Freundin sagt mir das nicht. Aufgrund dieser symmetrischen Beziehungsstruktur besprechen Jugendliche manche Themen auch lieber mit Freunden als mit ihren Eltern. Das erste Verliebtsein wird meistens nicht am Esstisch der Familie diskutiert, sondern am Handy hinter der geschlossenen Tür des Jugendzimmers.

Patrick Breitenbach: Wobei Hierarchien ja durchaus auch unter Freunden vorhanden sind.

Nils Köbel: Ja, aber im Unterschied zur strukturell vorgegebenen Hierarchie in der Familie müssen Jugendliche nun in ihren Peergroups selbst eine Ordnung herstellen. Es finden also Aushandlungsprozesse statt. Freundschaften sind auch viel leichter zu beenden als familiäre Bindungen. Deshalb müssen Jugendliche lernen, mit Konflikten in Freundschaften umzugehen, ohne dass die Freundschaft direkt kaputtgeht. In dem berühmten Jugendbuch »Herr der Fliegen« von William Golding wird anhand einer Krisensituation – Jugendliche stranden auf sich gestellt auf einer unbewohnten Insel – gezeigt, wie Hierarchien sich entwickeln können, wenn Jugendliche zusammenkommen.

Patrick Breitenbach: Es ist sozusagen der erste Anlauf, um Familie zu üben?

Nils Köbel: Ja, aus Peergroups entstehen auch oft die ersten Liebesbeziehungen, in denen man erspüren kann, was es bedeuten könnte, wenn man selbst eine Familie gründen würde. Peergroups stellen gewissermaßen Verbindungsglieder zwischen der eigenen Herkunftsfamilie und den Rollen des Erwachsenenalters dar. Sie haben oft den Charakter von Übungsfeldern: Was heißt es für mich, ein Mann bzw. eine Frau zu sein? Welche Rolle kann ich in der Gesellschaft spielen? Was heißt es, eine Aufgabe zu übernehmen?

Patrick Breitenbach: Das ist also auch die Befreiung aus der Familienstruktur. Meine Rolle ist sozusagen von vornherein determiniert, also festgelegt. Ich bin immer Sohn oder Tochter. Ich werde zu diesem Zeitpunkt niemals die Rolle der Mutter oder des Vaters innerhalb der Familie einnehmen – außer der Elternteil stirbt frühzeitig. Aber trotzdem ist man Tochter oder Sohn und damit eigentlich indirekt, auch wenn das hart klingen mag, immer untergeordnet. Dein Platz ist in der eigenen Familienstruktur mehr oder minder festgelegt. Und in der Peergroup habe ich zum ersten Mal die Freiheit, mir einen völlig neuen Platz zu suchen und zu erobern.

Nils Köbel: Genau. Manche Jugendliche sagen sogar, dass die Peergroup zur eigentlichen Familie geworden ist, weil dort die Beziehungen als viel bereichernder und stabiler erlebt werden. Manche Jugendliche sind allerdings auch gefährdet, in Peergroups Risikoverhalten auszubilden, da Drogenkonsum und Gewalt im Jugendalter auch meistens in Peergroups stattfinden. Jugendliche, die sich problematischen Gruppen wie Gangs anschließen, haben in ihren Familien häufig eher unsichere Bindungen erlebt.

Patrick Breitenbach: Da fällt mir der wunderbare Satz von Paul Watzlawick ein: »Man kann gar nicht vorsichtig genug sein bei der Wahl der eigenen Eltern.«

Nils Köbel: Genau.

Patrick Breitenbach: Ja. Ich glaube, wir haben das vertraute Wir gerade in Form von Familie, Liebe und Freundschaft ganz gut umrissen. Das ist sozusagen, was uns unmittelbar umgibt. Und jetzt können wir in die dunklen Abgründe des Wirs hinabsteigen im nächsten Kapitel.

BUCHTIPPS

"Stolz und Vorurteil"
Jane Austin

"Der Herr der Fliegen"
William Golding

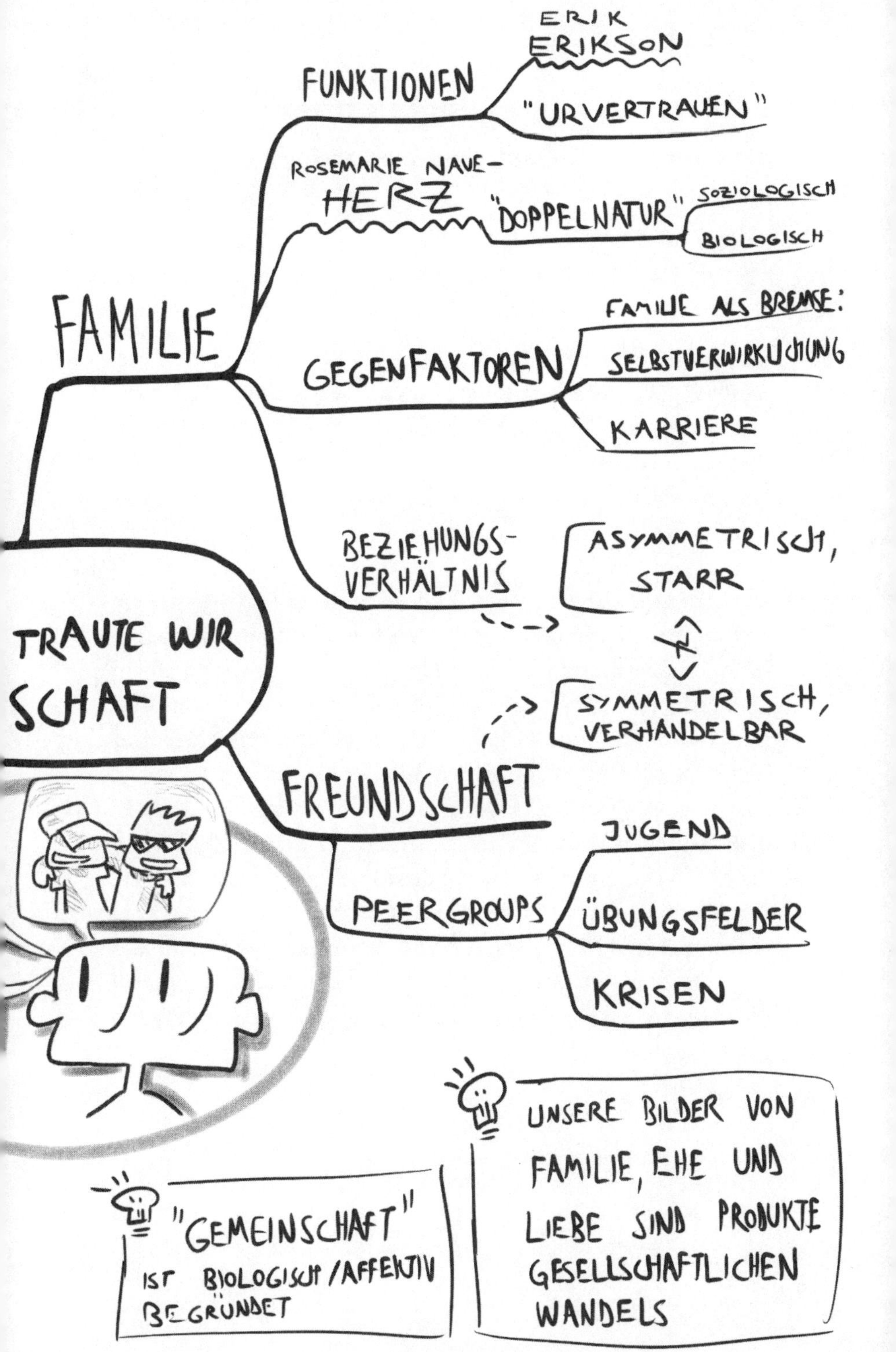
TRAUTE WIR SCHAFT
FAMILIE
FUNKTIONEN
ERIK ERIKSON
"URVERTRAUEN"
ROSEMARIE NAVE-HERZ
"DOPPELNATUR"
SOZIOLOGISCH
BIOLOGISCH
GEGENFAKTOREN
FAMILIE ALS BREMSE:
SELBSTVERWIRKLICHUNG
KARRIERE
BEZIEHUNGS-VERHÄLTNIS
ASYMMETRISCH, STARR
SYMMETRISCH, VERHANDELBAR
FREUNDSCHAFT
PEERGROUPS
JUGEND
ÜBUNGSFELDER
KRISEN
"GEMEINSCHAFT" IST BIOLOGISCH/AFFEKTIV BEGRÜNDET
UNSERE BILDER VON FAMILIE, EHE UND LIEBE SIND PRODUKTE GESELLSCHAFTLICHEN WANDELS

KAPITEL 5 | DAS UNVERNÜNFTIGE WIR

Das Böse, Macht, Gewalt, Fundamentalismus und Extremismus

Patrick Breitenbach: Jetzt haben wir über den Kern des Wir, das vertraute Wir, das jeder kennt, gesprochen. Lass uns nun zur Unvernunft schreiten. Also das Wir betrachten, das Risiken, Gefahren und einen Haufen Probleme in sich birgt. Ich glaube, eines der Hauptprobleme ist immer Gewalt. Doch was ist Gewalt eigentlich genau?

Nils Köbel: Eine ganz hervorragende Definition von Gewalt hat meines Erachtens Jan-Philipp Reemtsma vorgenommen, ein berühmter Gewaltforscher. Ihm zufolge besteht Gewalt in einem Übergriff eines Körpers auf den Körper eines anderen ohne dessen Zustimmung. Das bedeutet, dass Gewalt immer mit dem Körper verbunden ist, sogar bei psychischer Gewalt wie Mobbing, Ausgrenzung oder Diskriminierung. Das sieht man etwa daran, dass Menschen, die seelische Schmerzen erfahren, häufig körperliche Metaphern verwenden, um diese Erlebnisse zu beschreiben: Ein Abschied »tut weh« oder »Du hast mich verletzt«. Der Körper ist immer Bezugspunkt und Resonanzraum auch für psychisches Leid. Opfer psychischer Gewalt erkranken auch häufig an psychosomatischen Störungen wie Kreislaufproblemen, Herzrasen, Kopf- und Bauchschmerzen.

JAN-PHILIPP REEMTSMA

1952
Literaturwissenschaftler,
Gewaltforscher

»Gewalt ist zunächst physische Gewalt, der Übergriff auf den Körper eines anderen ohne dessen Zustimmung«

Patrick Breitenbach: Ein gewichtiges Thema, das da drinsteckt, ist Macht, im Sinne von Durchsetzung der eigenen Interessen. Gewalt ist letztendlich immer auch eine Art Machthandlung oder wird von Macht motiviert. Ist Gewalt ein Symptom der Macht?

Nils Köbel: Unter anderem. Reemtsma würde sagen, es gibt drei Grundformen von Gewalt mit jeweils unterschiedlichen Machtaspekten. Er unterscheidet die lozierende Gewalt, die mit Macht über Eigentum verbunden ist, die raptive, also sexuelle Gewalt und die autotelische Gewalt, die als Vernichtungsmacht auftritt.

Patrick Breitenbach: Die musst du mir natürlich jeweils erklären.

Nils Köbel: Lozierende Gewalt zeichnet sich nach Reemtsma dadurch aus, dass sie jemanden aus dem Weg räumen möchte, um an etwas heranzukommen. Wenn ein Krimineller jemanden niederschlägt, um an dessen Geldbörse zu kommen, oder ein Jugendlicher einer Oma die Handtasche entreißt, dann handelt es sich um lozierende Gewalt. Der Körper steht sozusagen zwischen dem Kriminellen und dem, was er möchte. In Kriegssituationen gibt es übrigens auch lozierende Gewalt. Wenn eine Armee eine

Festung einnehmen will, dann muss sie die gegnerischen Wachen besiegen. Entscheidend ist, dass bei lozierender Gewalt der Körper nicht als solcher wichtig ist, sondern als Hindernis gesehen wird, das zwischen dem Täter und dem, was er will, steht. Ein Bankräuber sagt: »Alle auf den Boden!« Er will die Menschen im Raum kontrollieren, damit er Zugang zum Schalter erhält und keiner ihm dazwischenkommt.

Eine ganz andere Gewaltform bildet die raptive Gewalt, da hier ein anderer Körperbezug vorliegt: Bei raptiver Gewalt geht es nicht darum, einen Körper wegzuschieben, sondern den Körper selbst zu benutzen, meistens für sexuelle Handlungen. Daher ist der Prototyp der raptiven Gewalt die sexuelle Gewalt. Der Körper selbst ist das Ziel.

Und der letzte Typ der Gewalt ist nach Reemtsma die autotelische Gewalt. Bei ihr geht es weder darum, den Körper einer Person zu missbrauchen, noch darum, den Körper beiseitezuschieben, sondern es geht einzig und allein darum, den Körper eines anderen zu vernichten. Reemtsma nennt diese Gewalt auch häufig »sinnlose Grausamkeit«. Ein Beispiel wären die furchtbaren Fälle von U-Bahn-Schlägern, die immer wieder durch die Presse gehen. Diese Gewalttäter wollen ihre Opfer oft gar nicht ausrauben, sondern einfach aus purer Machtlust zusammenschlagen. Die Vernichtung der Integrität des Körpers ist das Ziel von dieser Gewalt. Reemtsma nennt sie autotelisch, denn Autotelos bedeutet Selbstzweck, Selbstziel.

Patrick Breitenbach: Das klingt ja nach einer sehr bewussten Handlung mit einer bewussten Absicht. Gerade beim Beispiel U-Bahn-Schläger stelle ich mir die Gewalt dort eher als etwas Eskalierendes vor. Also die gehen ja jetzt nicht unbedingt in die U-Bahn hinein mit der Absicht: Wir machen jetzt einen Menschen kaputt.

Nils Köbel: Doch, auch das gibt es manchmal. Aber meistens entsteht autotelische Gewalt tatsächlich spontan. Besonders bei diesem letzten Gewaltbegriff kommt die Gier nach Macht, die du eben angesprochen hast, ganz stark zur Geltung. Autotelische Gewalt ist vor allem machtgetrieben. Ich will totale Macht über einen anderen Menschen haben. Auch bei den beiden anderen Formen spielt autotelische Gewalt eine Rolle, aber bei lozierender Gewalt kann es sein, dass jemand ganz kühl und berechnend eine Bank überfällt und betont, dass er persönlich gar nichts gegen die Bankangestellten hat und niemanden verletzen möchte, sondern einfach nur das Geld will. Da wäre eher der instrumentelle Einsatz von Gewalt im Vordergrund und nicht die Machtgier.

Patrick Breitenbach: Aber das ist doch trotzdem eine klare Form der Macht, weil ich in diesem Moment der Gewalt die Macht habe, denjenigen zu beseitigen, um mein Ziel zu erreichen.

Nils Köbel: Jeder Gewalttäter muss mehr oder weniger bereit sein, Macht über andere auszuüben. Auch jemand, der eine Oma niederschlägt, um ihre Handtasche zu rauben, ist fähig zu sagen »Ich kann über jemanden verfügen und kann das einfach so tun«. Aber bei der autotelischen Gewalt geht es eigentlich nur um Macht, da gibt es keine anderen Ziele, sondern nur die Machtausübung an sich. Diese Macht will nichts anderes als sich selbst.

Patrick Breitenbach: Also wenn wir von Macht sprechen, inwieweit spielt dann das Gegenstück, die Ohnmacht, eine Rolle? Also ist Gewalt immer auch eine Art Ventil oder Gegenmaßnahme, um sich aus einer gefühlten Ohnmacht zu befreien, ihr entgegenzutreten und einer wahrgenommenen Minderwertigkeit zu entkommen, oder ist das viel zu einfach gedacht?

Nils Köbel: Das kann man schon so sagen. Das führt nämlich zu der Frage, wie Gewalt entsteht. Soziologische Untersuchungen zeigen, dass gewalttätige Jugendliche sehr oft selbst Opfer von Gewalt waren. Wenn Kinder in ihren Familien lernen, dass Gewalt ein akzeptiertes Mittel ist, um Konflikte zu lösen, dann werden sie häufig dazu neigen, dieses Mittel später selbst einzusetzen. Und bei diesen Jugendlichen gibt es häufig einen Punkt in ihrer Biografie, an dem sie merken, dass sie nicht länger nur Opfer sein müssen, sondern selbst Gewalt gegen andere einsetzen und damit Macht gewinnen können. Es kommt dann zu einem Umschwung vom Opfer zum Täter.

Patrick Breitenbach: Könnte man dann ebenfalls behaupten, dass Gewalt immer etwas sich selbst Ernährendes ist? Also Gewalt speist sich aus Gewalt?

Nils Köbel: Genau. Gewalt wirkt selbstverstärkend. Wenn ich bereit bin, Gewalt anzuwenden, und merke, dass ich damit Erfolg habe, dann werde ich dazu neigen, das häufiger zu tun. Vor diesem Hintergrund sind auch Ventiltheorien, die gewalttätigen Jugendlichen raten, dass sie ihre unterdrückten Aggressionen ausleben und »Dampf ablassen« sollen, eigentlich veraltet. Denn dann müssten Menschen, die häufig gewalttätig sind, eher ruhig und ausgeglichen sein, und das ist erwiesenermaßen nicht der Fall.

Patrick Breitenbach: Ist die Theorie des Ventils auch nicht in Teilen gangbar? Es gibt doch schon so etwas wie aufgestaute Frustration, die irgendwie in Bahnen gelenkt werden muss. Natürlich wäre der Boxkampf wieder der gewaltvollere Kanal, aber was ist mit Kreativität und Kunst? Indem ich mich künstlerisch ausdrücke, kann ich ein Ventil nutzen, das nicht unmittelbar gewalttätige Handlungen mit transportiert.

Nils Köbel: Vielleicht müssen wir auch unterscheiden zwischen Aggressionen und Gewalt.

Patrick Breitenbach: Gerne. Was ist denn der Unterschied?

Nils Köbel: Viele haben die Meinung, dass Aggression zu Gewalt führt, und das stimmt ja auch teilweise, denn Aggression ist in aller Regel eine Bedingung für Gewalt.

Patrick Breitenbach: Das kann man sich vielleicht vorstellen wie einen Krug, der sich mit Aggressionen füllt, und sobald er überläuft, kommt es zur Tat. Der Krug bricht, und eine Gewalttat entlädt sich.

Nils Köbel: Jesper Juul, der dänische Familientherapeut, von dem wir schon gesprochen haben, betont, dass es wichtig ist, zwischen Aggression und Gewalt zu unterscheiden. Viele Eltern und Pädagogen glauben, dass Aggressionen direkt zu Gewalt führen, und da wir keine Gewalt wollen, müssen wir die Aggressionen unterdrücken lernen. Diese Einstellung ist aber nicht sehr hilfreich, da wir unseren Aggressionslevel auf Dauer nicht einfach unten halten können.

Stattdessen schlägt Juul vor, Aggressionen nicht zu tabuisieren, sondern in produktiver Weise authentisch auszudrücken. Damit Aggressionen nicht in Gewalt münden, müssen Kinder und Jugendliche lernen, über ihre Wut und ihren Frust direkt, einfach und ehrlich sprechen zu können, und sie brauchen ein Umfeld, das sie ernst nimmt und ihnen zuhört. Dann kann man Aggressionen als natürliche Gefühle wertschätzen, ohne Angst vor Gewalt haben zu müssen. Wenn hingegen körperliche oder psychische Gewalt rücksichtslos ausgelebt und eingesetzt wird, verstärkt sich dieses Verhalten eher.

Patrick Breitenbach: Auf der anderen Seite muss man dann natürlich auch betonen, dass Gewalt nicht zwangsläufig abfärben muss. Da sind wir nämlich sehr schnell in dieser Debatte, wenn es um gewalttätige Videospiele und überhaupt Medien geht. Nur weil ich gewalttätige Darstellungen konsumiere, muss ich nicht selbst gewalttätig werden. Aber das hat schon eher einen verstärkenden Effekt auf meine Aggressionen. Also es hilft dabei, den Krug zu füllen. Und wenn der Krug vorab schon gut gefüllt ist, dürfte die Wahrscheinlichkeit höher sein, dann irgendwann selbst Gewalt auszuüben.

Nils Köbel: Ich glaube auch, dass das Lernen von Gewalt vor allem in der Familie und in Peergroups geschieht, in sogenannten Face-to-face-Kontakten, in denen Kinder es mit realen Vorbildern und Bezugspersonen zu tun haben. Mediale Gewalt kann ein verstärkender Faktor sein, ist aber sicher nicht der einzige Grund für die Entstehung gewalttätigen Verhaltens.

Patrick Breitenbach: Das heißt, da sind wir wieder beim Sowohl-als-auch.

Nils Köbel: Wobei ich wirklich den Schwerpunkt auf die konkrete Erziehung und Sozialisation legen würde. Das prägt uns stärker als die Medien.

Patrick Breitenbach: Wie ist das eigentlich mit der These: Gewalt ist eine Form der Kommunikation?

Nils Köbel: Vor allem Machtkommunikation, das hast du ja schon angesprochen. Ich kann besonders deutlich durch autotelische Gewalt zeigen, dass ich Macht über jemanden habe. Bei gewaltbereiten Jugendgangs wird ja Gewalt häufig nur angedroht oder angedeutet, aber das reicht oft schon, um auszudrücken, worum es geht: Wenn ich will, kann ich über dich bestimmen, und du kannst nichts dagegen tun. Absolute Macht beim Täter korreliert dann mit absoluter Hilflosigkeit beim Opfer, und das ist die radikalste Kommunikationsform, die es gibt.

Reemtsma würde sagen, dass auch psychische Macht häufig von diesen Kommunikationsformen bestimmt ist. Wenn ich eine Person bedrohe, dann bringe ich sie dazu, sich als jemanden vorzustellen, dem Gewalt angetan wurde. Und diese Imagination unseres eigenen Selbst als Gewaltopfer macht uns sehr zu schaffen, weil unsere körperliche Integrität unsere Identität entscheidend bestimmt: Wenn ich ein Verprügelter bin, dann bin ich nur noch ein Schatten meiner Selbst.

Auch bei psychischer Gewalt am Arbeitsplatz sind diese Mechanismen wirksam. So droht Mobbing letztendlich auch damit, einen Körper aus einer Institution oder Organisation zu entfernen. Auch wenn Eltern in Konflikten eher harmlos sagen »Geh jetzt auf dein Zimmer«, wollen sie in diesem Moment den Körper des Kindes entfernen.

Patrick Breitenbach: Gerade bei extremer Gewalt kommt man dann ja auch unmittelbar zum Begriff des Bösen. Gibt es das Böse? Wenn ja, wie sieht es aus?

Nils Köbel: Also ich würde hinsichtlich Gewalt den Begriff des Bösen vermeiden, weil er sich zumeist auf sinnlose Gewalt ohne erkennbaren Grund bezieht. Dieser Begriff wird gerade dann verwendet, wenn die emotionale Reaktion auf die Tat sehr stark und eine rationale Erklärung nicht unmittelbar greifbar ist. Auch angesichts sehr krasser Formen von Gewalt, etwa bei Intensivtätern, würde ich daher nicht fragen, wie böse diese Menschen sind, sondern eher, wie gefährlich sie für ihr Umfeld sind.

Ich glaube, dass gerade in der Gewaltforschung die Landkarten, die durch die Forschung entstehen, immer differenzierter werden. Das geht aber nur, wenn man die Frage nach dem Bösen zunächst einklammert und möglichst nüchtern auf Entstehungsfaktoren schaut. Und da haben Psychologie und Soziologie vor allem mit den modernen kognitiven Lerntheorien ganz gute Erklärungsansätze entwickelt.

Interessant ist wiederum, was Jan-Philipp Reemtsma zu dem Thema sagt. Ihm zufolge fällt es Menschen besonders schwer, das Phänomen der autotelischen Gewalt einzuordnen und zu begreifen. Deshalb wurden in allen Kulturen und Religionen Symbole und Wesen erschaffen, die das Böse repräsentieren und verkörpern. In der christlichen Tradition ist der Teufel der Ursprung sinnloser Grausamkeit und die Hölle der Ort, wo diese Gewalt zu Hause ist.

Und nicht nur in diesem metaphysischen Sinn wurde versucht, der autotelischen Gewalt einen rechtmäßigen Platz einzuräumen. Auch in der Gesellschaft wurde autotelische Gewalt in kontrollierter Weise zugelassen: Im antiken Rom gab es Gladiatorenkämpfe, bei denen Menschen sich zum sadistischen Vergnügen des Publikums getötet haben. Bis weit ins 19. Jahrhundert hinein gab es öffentliche Hinrichtungen, die so beliebt waren wie heutige Fußballspiele. Reemtsma betont, dass die modernen, individualisierten Gesellschaften diese Orte der Grausamkeit abgeschafft haben. Bei allem zivilisatorischen Fortschritt, der damit verbunden war, müssen heute die Menschen andere Verarbeitungsformen für autotelische Gewalt suchen, und das ist gar nicht so einfach.

Patrick Breitenbach: Wie meinst du das?

Nils Köbel: Wenn ich an keinen Teufel mehr glaube, den ich bekämpfen oder von dem ich mich abwenden kann, dann habe ich ein plakatives Feindbild verloren. Wie bei allen Prozessen der Aufklärung, die den Aberglauben zurückdrängen und den reflektierten, aufgeklärten Menschen in das Zentrum der Welt stellen, wird das Denken anstrengend. Wenn ich mich von meinen Sünden nicht mehr durch kirchliche Riten befreien kann, muss ich mich selbst damit herumschlagen und nach Lösungen suchen.

Deshalb wird es in einer wissenschaftlich geprägten Gesellschaft wie der unseren schwierig, mit Begriffen wie »dem Bösen« umzugehen, weil wir die einfachen Antworten nicht mehr akzeptieren können. Wir erkennen, dass die Quellen des Bösen in uns selbst liegen, und müssen daher den anstrengenden und umständlichen Weg der Erforschung und Reflexion antreten.

Patrick Breitenbach: Also ich gebe dir auf jeden Fall recht, dass es komplexer wird oder uns jedenfalls so erscheint. Vielleicht muss man an der Stelle noch mal die soziologische Funktion des Dämonenbildes hinterfragen. Ich glaube, ursprünglich war das ein Sinnbild für einen Menschen, der die göttliche Ordnung der Dinge stört. Also ganz abstrakt gedacht wäre der Teufel jemand, der die Ordnung infrage stellt und gegen sie rebelliert.

Die ursprüngliche Geschichte spricht ja auch vom gefallenen Engel. Ein Diener Gottes, der zuvor in einer Ordnung lebte und wirkte – ich glaube sogar einer der besten Engel, die Gott jemals hatte –, der dann aber fallen muss, eben weil er sich gegen die totale Ordnung und Macht Gottes stellt. Das heißt, diese Erzählung an sich ist schon wieder eine Art Machtinstrument, denn die Moral der Geschichte vermittelt mir als Gläubigem: Fall du mir bloß nicht aus der Reihe, sonst landest du im Schoß des Bösen.

Nils Köbel: Genau. Und du wirst dann auch von deinem Umfeld so bewertet.

Patrick Breitenbach: Und der andere Effekt, der eintritt, wenn ich so eine Ikonisierung und Überhöhung des Bösen einführe, also der klassische Superschurke, der einen verführt und damit den Menschen zu einem schwachen und verführbaren Subjekt macht, ist der, dass man dem Individuum zugleich auch ein wenig die Verantwortung abnimmt für das eigene Handeln. Daher wurde gerade in einer eher unaufgeklärten Zeit oftmals eine übernatürliche dritte Macht verantwortlich für das menschliche Handeln gemacht. Man war von etwas besessen, z. B. einem Teufel, Dämon oder Superschurken. Damit war der Mensch nicht mehr für seine Taten selbst verantwortlich, sondern eine außenstehende fremde Macht. Heute haben wir einen ähnlichen Effekt, indem der Teufel oftmals mit einer psychischen Krankheit ersetzt wird. Wobei ich grundsätzlich nicht daran zweifeln möchte, dass es solche Krankheiten mit unmittelbarer Beeinflussung des eigenen Tuns gibt.

Nils Köbel: Die klinische Psychologie hat diesen Bereich im Laufe der letzten hundert Jahre immer weiter ausdifferenziert. Sie identifizierte seelische Erkrankungen, die die Frage nach Schuld und Bosheit stark relativierten. Wenn eine Gewalttat etwa im Zuge eines psychotischen Schubs stattfindet, muss man unter Umständen von eingeschränkter Schuldfähigkeit sprechen. In diesem Sinn gab es vor allem im 20. Jahrhundert immer mehr Versuche, das Böse nicht mehr einfach als Böses stehen zu lassen, sondern es zurückzubinden an neutrale Faktoren, die man untersuchen und verstehen kann. Menschen, die man früher als böse abgestempelt hat, würden heute vielleicht eher als hilfebedürftig angesehen werden.

Patrick Breitenbach: Absolut. Wobei ich da schon ein bisschen vorsichtig wäre, weil das natürlich aus unserer Warte des Bildungsbürgertums im europäischen Kontext und dann noch mal in Deutschland ganz stark ist, aber global gesehen glaube ich, und auch in unserem Kulturkreis, ist dieses sehr einfache Bild ja durchaus immer noch vorhanden.

Wenn man sich beispielsweise Teile der politischen Elite der USA unmittelbar nach dem 11. September anschaut, die ja stellvertretend unter George W. Bush extrem mit diesem einfachen Begriff des Bösen operiert hat. Da wurde die Welt klar in Schwarz und Weiß, in Alt und Neu und in Gut und Böse eingeteilt. Hier sind die Bösen. Das sind Unmenschen. Und alle, die sie unterstützen, sind genauso böse.

Heute haben wir einen ähnlichen Fall mit der furchtbaren Terrororganisation IS, wo wir alle an einen Punkt geraten, an dem wir sagen müssen, dass diese Handlungen und Ziele nichts mehr mit Menschlichkeit zu tun haben und man mit diesen Menschen auch irgendwie nicht mehr reden kann – jedenfalls wird uns das medial so vermittelt. Man hat bei der Betrachtung von Gräueltaten dann das Gefühl, die sind durch und durch böse, und die makabre Pointe an der Sache ist: Die denken umgekehrt ganz genauso über uns. Wir Ungläubigen sind der Teufel. Uns kann man nicht mehr helfen. Wir gehören ausradiert.

Da sieht man unter tragischen Umständen sehr klar, dass dieses überzeichnete Bild des Bösen immer noch sehr lebendig ist. Und ich denke, genau das befeuert und erhält zum Teil die Konflikte, in denen wir stecken. Die aufgeklärte, offene und freie Gesellschaft stemmt sich gegen diese religiöse, fundamentalistische Ideologie. Aber am Ende tauchen auch dort immer wieder diese vereinfachenden Begriffe auf aus alter Zeit, wie »Kreuzzüge« und »das Böse«.

Nils Köbel: Also wenn wir in der Sprache des letzten Kapitels bleiben, ließe sich sagen: »Böse« ist eine moralische Wertung für bestimmte Handlungen oder Zustände. Und diese Wertung ist eingebettet in Narrationen, in große kulturelle Erzählungen, die sich historisch stark wandeln und von Gesellschaft zu Gesellschaft verschieden sein können.

Der kanadische Philosoph Charles Taylor hat diese Unterschiede sehr genau herausgearbeitet. Die moralischen Vorstellungen und Überzeugungen, die in einer Kultur vorherrschen, bilden ihm zufolge die »Quellen des Selbst«. Er meint damit, dass wir grundlegende Wertvorstellungen, die in unserer jeweiligen Kultur verankert sind, mit unserer Sozialisation aufnehmen. Diese Werte geben uns ein Gefühl dafür, wer wir sind und wie wir die Welt zu verstehen haben. Und diese Wertvorstellungen beinhalten auch Entscheidungen darüber, wer oder was gut und böse ist.

Patrick Breitenbach: Und diese Zuschreibung ist nach wie vor – so wie in der Vergangenheit – auch ein ganz wichtiges Instrument der Machtausübung und der Legitimation von Gewalt, weil »das Böse« die Mechanik der Entmenschlichung in sich trägt. Indem ich jemandem »das Böse« an die Stirn hefte, ist er im selben Moment nämlich gar kein Mensch mehr, mit vielleicht ganz anderen Eigenschaften und Facetten seiner Persönlichkeit. Und in diesem Moment verbaue ich mir von vornherein andere Möglichkeiten des friedlichen Dialoges, denn ich habe ganz klar einen entmenschlichten Feind installiert. Ein Schwein. Einen Unmenschen. Einen Teufel.

Nils Köbel: Auch deswegen ist »böse« kein unproblematischer Begriff. Dennoch hängen wir an diesem Wort und können es nicht einfach über Bord werfen, da es mit unserem existenziellen Selbstverständnis verbunden ist. Denn Böses tun können nur Wesen, die frei sind. Und Immanuel Kant sagt, dass wir im Miteinander uns selbst und dem anderen, mit dem wir es zu tun haben, diese grundlegende Freiheit im Leben und Handeln zugestehen müssen. Würden wir das nicht tun, könnten wir gar nicht miteinander auskommen.

IMMANUEL KANT

1724–1804
Philosoph der Aufklärung

»Aufklärung ist der Ausgang des Menschen aus seiner selbstverschuldeten Unmündigkeit«

Jedoch bedeutet Freiheit auch, dass wir über die Fähigkeit verfügen, moralische Urteile zu fällen. Wir können uns selbst und andere beurteilen und auch schuldig aneinander werden. Immer wieder tauchen in unserem Leben moralische Fragen auf: War mein Verhalten in Ordnung? Sollte ich mich entschuldigen für das, was ich getan habe?

Patrick Breitenbach: Ja. Da muss man auch noch mal unterscheiden zwischen, wie du gesagt hast, dem Adjektiv »böse« und dem Substantiv »das Böse«. Also eine Handlung als böse zu bewerten ist glaube ich nicht ganz so problematisch, beziehungsweise man muss sie natürlich immer in einen gewissen Kontext setzen. So gibt es Menschen, die den Verzehr von Fleisch als eine böse oder unmoralische Handlung betrachten und zum Beispiel fleischverarbeitende Unternehmen als »Mörder« bezeichnen, während die Mehrheitsgesellschaft den Akt des Fleischverzehrs als normal ansieht.

Aber das eigentliche Hauptproblem ist für mich, aus einzelnen Handlungen auf das gesamte Subjekt, die jeweilige Person zu schließen. Das ist quasi dann das Ende jedweder Diskussionsgrundlage. Das nicht-triviale, komplexe und vielschichtige menschliche Wesen wird plötzlich zu einem klaren Charakter, zu einem Superschurken eingedampft. Und natürlich brauche ich gar nicht erst mit dem Teufel zu diskutieren – wer will das schon?

Nils Köbel: Worüber auch?

Patrick Breitenbach: Eben. Da kann ja nie was Gutes bei rumkommen.

Nils Köbel: Wobei man bei dem Teufelsbegriff ein wenig unterscheiden muss. Da gibt es zum einen Luzifer, den du schon als gefallenen Engel beschrieben hast. In der Bibel taucht aber auch der Teufel in Form von Satan auf, der viel älter ist und eher als genuiner Gegenpart zu Gott gesehen wird. Satan war schon immer böse und wird als ewiger Widersacher Gottes verstanden. Er bedroht die Schöpfung durch Chaos und Verwerfung.

Patrick Breitenbach: Satan wird aus dem Hebräischen übersetzt mit »Gegner«, »Ankläger« oder »Feind«.

Nils Köbel: Feind der Schöpfung. Feind Gottes.

Patrick Breitenbach: Interessanterweise werden in anderen Weltanschauungen wie beispielsweise dem Taoismus oder dem Buddhismus Gut und Böse als mehr oder minder gleichberechtigt betrachtet, beide ergeben die Summe des Seins. Beide bedingen sich gegenseitig. Es braucht gegebenenfalls sogar beide Seiten. Das Schwarz und Weiß, Yin und Yang. Vielleicht ein Versuch, dieses unterschiedlich deutbare Stigma des Bösen zu durchbrechen?

Nils Köbel: Definitiv. Daran sieht man, dass mit dem Problem des Bösen kulturell in ganz verschiedener Weise umgegangen wird. Mal wird versucht, Gut und Böse als ewige metaphysische Gegensätze zu begreifen. Dann gibt es Philosophien und Religionen, die das Böse in eine Alleinheit integrieren wollen.

In der westlichen Philosophie unternahm der große Philosoph des Idealismus Georg Wilhelm Friedrich Hegel einen solchen Versuch. Er glaubte, in der Weltgeschichte eine Dialektik zu entdecken: Zu jeder Idee, zu jedem Gedanken und zu jedem Geschehen gibt es einen Gegensatz. Er nannte dies den Widerspruch zwischen These und Antithese. Hegel war davon überzeugt, dass sich im Laufe der Weltgeschichte Thesen und Antithesen in Synthesen auflösen, die dann eine Weiterentwicklung darstellen: Der Widerspruch löst sich im Werden auf.

GEORG WILHELM FRIEDRICH HEGEL

1770–1831
Philosoph, Begründer der letzten großen Metaphysik

»Das Ganze ist das Wahre«

Deshalb hat für Hegel selbst das Böse als negatives Prinzip eine sinnvolle Funktion, da es die Dynamik des Weltgeschehens aufrechterhält. Hegels Freund Johann Wolfgang von Goethe war übrigens auch ein solcher Idealist. In seinem »Faust« lässt er Mephisto auf die Frage, wer er sei, antworten: »Ein Teil von jener Kraft, die stets das Böse will und stets das Gute schafft.« Diese Philosophie wurde selbstverständlich nach den beiden Weltkriegen mit ihrem unermesslichen Leid stark kritisiert. Dennoch verdeutlichen solche Konzepte, wie sehr wir damit ringen, das Böse zu verstehen und mit ihm richtig umzugehen.

Patrick Breitenbach: Jetzt haben wir über die Mechanismen gesprochen: Gewalt als Form von Macht. Das Böse wäre auch eine Art Werkzeug der Macht, um überhaupt Regelverstöße zu bewerten und im Anschluss die eigene Gewalt zu legitimieren.

Das führt uns geradewegs zu einem Phänomen, das auf breiter gesellschaftlicher Ebene etwas ausbildet, das sehr stark alles irgendwie in sich vereint. Ich denke an Ideologien, also Weltanschauungen, die aus dem Ruder laufen. Also Fundamentalismus. Wie kann man diesen Begriff relativ prägnant beschreiben?

Nils Köbel: Bei Fundamentalismus muss man sich die Herkunft des Wortes genau anschauen. Der Begriff stammt nicht aus muslimischen Kontexten, wie oft vermutet wird, sondern aus christlichen. Im frühen 20. Jahrhundert wurden an der Westküste der USA auf Initiative protestantischer Bürger Schriftstücke mit dem Titel »The Fundamentals« publiziert, die sich gegen liberale und moderne theologische Ansätze wendeten. Diese Traktate postulierten die strikte, exklusive Autorität der Bibel und untermauerten kämpferisch den Wahrheitsanspruch aller biblischen Erzählungen. Auf dieser Grundlage wurde ein strikter Moralkodex formuliert, in dessen Mittelpunkt die Bekehrung zu Jesus Christus stand.

Heute wird der Begriff »Fundamentalismus« für alle religiösen Strömungen verwendet, die in ähnlicher Weise argumentieren. Fundamentalismus zeichnet sich vor allem dadurch aus, dass heilige Schriften wörtlich genommen und alle Interpretationen und Auslegungen der Texte zurückgewiesen werden. Das Wort Gottes wird wortwörtlich verstanden, unabhängig von den historischen und kulturellen Umständen, in denen die Texte entstanden sind. Religiöse Schriften gelten in einem fundamentalistischen Sinne zu allen Zeiten, und darin verfasste Regeln sollen in jeder Kultur und Gesellschaft unbedingt befolgt werden.

Patrick Breitenbach: Was natürlich extrem schwierig ist, weil es so etwas wie »wortwörtlich« nicht gibt. Man kommt nie ohne eine Deutung aus. Sobald ich »Mutter« sage, blitzen beim Leser oder der Leserin zigfache unterschiedliche Assoziationen und entsprechende Wertungen auf. Als ob es nur eine einzige mögliche Interpretation gäbe.

Ich würde mal behaupten: Wir können nicht nicht interpretieren. Unser gesamtes Denken beruht auf Interpretation und Vernetzung von Gedanken und Gefühlen. Und ich finde es extrem interessant, wie Fundamentalisten diese Dogmen, diese Behauptungen wiederum als ein Werkzeug der Macht einsetzen. Denn jedes Dogma enthält gleichzeitig eine Art Schutzmechanismus der gesamten Idee, Bewegung und der Behauptung selbst. Dogmen sind immer auch eine automatische Blockade von Bildung und ein Schutzschild vor Bildungsprozessen. Das kritische Hinterfragen des Selbstverständlichen ist ein absolutes Tabu. So gibt es heute in den USA einen erbitterten Kampf der evangelikalen Fundamentalisten darum, ob man die Evolutionstheorie von Darwin aus den Lehrplänen verbannen sollte, weil sie die Idee eines Schöpfergottes konterkariert.

Nils Köbel: Und das wird auch bestraft. Das Mittel radikaler Fundamentalisten ist häufig psychische und physische Gewalt, mit der Bildungsprozesse unterdrückt werden. Religiöser Fundamentalismus will alle Vollzüge, die über das rein Religiöse hinausgehen, kontrollieren oder sogar bekämpfen und abschaffen. Literatur, Kunst, Musik, Philosophie und Wissenschaft haben nur eine Daseinsberechtigung, wenn sie den fundamentalistischen Glaubenshaltungen nicht widersprechen. Gemäß dieser Logik wundert es nicht, dass manche radikale Sekten die Darwinsche Evolutionstheorie zurückweisen und als Lüge entlarven wollen.

Patrick Breitenbach: Könnte man vielleicht sagen, Fundamentalismus ist deshalb für viele Menschen so attraktiv, weil es ein einfaches, beruhigendes Gegenmodell zu der immer freieren und pluralen und damit aber auch immer verwirrenderen, komplexer erscheinenden Gesellschaft darstellt?

Nils Köbel: Genau dies sagen viele Religionssoziologen. Fundamentalismus entsteht überhaupt erst im Zuge von Pluralisierungs- und Globalisierungsprozessen. Religionen sind in Zeiten, in denen sie wenig Kontakt mit anderen Kulturen haben, relativ einheitlich und haben eine hohe Plausibilität für die Menschen. Auch bei uns war es bis in die Sechzigerjahre hinein in ländlichen Regionen eher auffällig, wenn man sonntagmorgens nicht im Gottesdienst erschien.

Wenn nun Religionen im Zuge von Modernisierungsprozessen in Kontakt kommen mit anderen Weltanschauungen, entsteht manchmal das, was der Soziologe Peter Ludwig Berger »kognitive Kontamination« nennt. Das heißt, eine bislang konkurrenzlose Wirklichkeitsauffassung muss sich der Situation stellen, dass es Menschen gibt, die anders denken und glauben. Plötzlich oder ganz allmählich wird klar: Es gibt noch andere Möglichkeiten, die Welt zu sehen.

Dieser Prozess wird natürlich durch die globalen Medien extrem beschleunigt und verstärkt. Nun gibt es für Religionen unterschiedliche Möglichkeiten, mit dieser Situation und den damit verbundenen Spannungen umzugehen. Und eine Reaktion besteht im Fundamentalismus, im radikalen Bestärken der eigenen Glaubenshaltung und religiösen Tradition sowie der damit verbundenen Ablehnung des Fremden. Diese Haltung kann dann so weit gehen, dass radikale Fundamentalisten auch bereit sind, Gewalt gegen aus ihrer Sicht Ungläubige einzusetzen.

Angesichts dieser Phänomene betont Berger, dass es einen großen Unterschied zwischen Traditionalismus und Fundamentalismus gibt: Der Traditionalismus ist (noch) nicht in Kontakt gekommen mit anderen Religionen und muss sich deshalb die Frage nach einem angemessenen Umgang mit dem Fremden gar nicht stellen. Der Fundamentalismus ist hingegen schon die Reaktion auf die Erkenntnis, dass es andere Lebensoptionen gibt. Daher sind Fundamentalismus und Moderne untrennbar miteinander verbunden.

Patrick Breitenbach: Ich glaube, ein wesentliches Merkmal von Fundamentalismus, nämlich sein Versprechen auf eine Belohnung, führt uns unmittelbar zurück zum »vertrauten Wir«, also der Familie, Freundschaft, Liebe, dem Bund. Denn wenn man sich an diese strengen, aber einfachen Regeln hält, gehört man eben dazu. Man schließt einen Pakt. Man geht einen Bund ein. Man gehört – wie die Cosa Nostra klischeehaft immer formuliert – zur Familie.

Das zeichnet meines Erachtens jede fundamentalistische Bewegung aus, sonst wären sie vermutlich in ihrer gewalttätigen Form gar nicht so erfolgreich. Das heißt, neben dem Faktor einer immer pluraleren Gesellschaft spielt der Zerfall der Bindungen innerhalb einer Gesellschaft oder Gemeinschaft eine wichtige Rolle.

Nils Köbel: Und das führt uns zurück zum Thema Identität. Menschen, die eine fundamentalistische Weltauffassung haben, können diese entscheidende Frage »Wer bin ich?« natürlich leichter beantworten, weil sie sich die Welt ganz klein und übersichtlich machen. Alle Landkarten über die Welt werden wieder auf einen früheren Erkenntnisstand reduziert, und das Leben wird überschaubar.

Ich glaube, dass gerade deshalb der Fundamentalismus für Menschen reizvoll ist, die Probleme haben, sich in der modernen Welt zurechtzufinden.

Patrick Breitenbach: Und man könnte auch überspitzt formulieren, dass man im Fundamentalismus ja eigentlich die Identität ein Stück weit aufgibt und der Gruppe, der Sache, der Bewegung übergibt. Ich unterwerfe mich und meine Identität.

Nils Köbel: Also ich weiß, wer ich bin, weil ich mir von jemandem sagen lasse, wer ich bin und mich damit von dieser Aufgabe entlaste.

Patrick Breitenbach: Das heißt, Fundamentalismus ist ein Weg, um mit drohender Verflüssigung von Identität ein Stück weit klarzukommen?

Nils Köbel: Ich habe eine Eindeutigkeit, indem ich mich einer Sache verschreibe und mich ihr vollkommen hingebe. Die Identitätsfrage wird beantwortet, indem ich sie abgebe an eine bestimmte Geisteshaltung und damit verbunden an bestimmte Führungspersonen. Damit entsteht gerade nicht das, was die Aufklärung nach Kant sein sollte, nämlich der »Ausgang des Menschen aus seiner selbstverschuldeten Unmündigkeit«.

Patrick Breitenbach: Gibt's denn einen Unterschied zwischen Fundamentalismus und Extremismus?

Nils Köbel: Der Begriff Fundamentalismus wird heute vor allem bei der Beschreibung entsprechender religiöser Phänomene verwendet. Extremistisch werden hingegen häufig auch radikale politische Erscheinungen oder Bewegungen genannt, wie zum Beispiel rechtsradikale Strömungen. Jugendliche Rechtsextreme haben auch überdurchschnittlich oft Gewalt, Ausgrenzung und Diskriminierung in ihrer Kindheit und Jugend erlebt und fühlen sich in der Mehrheitsgesellschaft minderwertig.

Der Gewaltforscher Wilhelm Heitmeyer spricht von »Desintegration«: Wenn Jugendliche merken, dass sie kaum Chancen haben, eine konstruktive Rolle in der Gesellschaft einzunehmen, kann es sein, dass sie sich extremen Subkulturen zuwenden, die ihnen das Gefühl geben, anerkannt und gebraucht zu werden. Der Extremismusbegriff ist vor diesem Hintergrund vielleicht etwas umfassender als der Fundamentalismusbegriff.

Patrick Breitenbach: Ich vermute mal, bei Extremismus ist automatisch auch immer Gewalt im Spiel.

Nils Köbel: Ja, das würde ich sagen. Auch bei Rechtsextremismus spielt Gewalt fast immer eine wesentliche Rolle. Wir kennen auch extremistische Gruppen, die nicht nach außen hin gewalttätig sind, aber ihre Mitglieder psychisch und physisch quälen und erniedrigen. Für einige extremistische Sekten ist das typisch.

Patrick Breitenbach: Das sind ja im Großen und Ganzen so Makrothemen – also Kämpfe der Religionen, Kämpfe der Weltanschauungen, Kämpfe von geopolitischen Interessen –, aber daneben gibt es auch noch so etwas wie einen Mikrofundamentalismus in uns. Einen Fundamentalismus im Kleinen. Und zwar hattest du mal bei einem anderen Gespräch erläutert, dass es beim Fundamentalismus immer um etwas geht, das einem heilig ist. Kannst du das noch mal kurz ausführen, bevor ich dann etwas zum Mikrofundamentalismus sage?

Nils Köbel: Ja, der Begriff des Heiligen hat eine gewisse Renaissance in der Philosophie und Soziologie erfahren, und zwar durch den schon erwähnten kanadischen Philosophen Charles Taylor. Sein Konzept passt sehr gut zu unseren bisherigen Überlegungen, da auch er den Begriff der Landkarten verwendet. Menschen zeichnen ihm zufolge nicht nur Landkarten über die Welt, sondern haben auch Landkarten in sich, die ihnen zeigen, was gut und schlecht ist. Er nennt diese Skizzen deshalb »moralische Landkarten«. Taylor sagt, dass Menschen die Welt niemals neutral sehen, sondern immer bewerten. Und diese Wertungen bilden eine innere Karte, die ähnlich aussieht wie eine echte Landkarte: Es gibt Anhöhen, Hügel, Berge und auch ebene Flächen. Die höchsten Berggipfel bilden die Dinge und Ideen, die uns am allerwichtigsten sind, Taylor nennt sie unsere »Hypergüter«.

Für viele Menschen sind Liebe, Gerechtigkeit oder Freiheit Hypergüter, oder aber auch der Wunsch nach Reichtum, Anerkennung, Prestige und Macht. Für Fundamentalisten ist eben die orthodoxe Auffassung ihrer Religion ein Hypergut. Und man kann sagen, dass diese Güter für uns etwas Heiliges sind, sie bilden die Maßstäbe für die Bewertung unseres Denkens und Handelns. In diesem Sinne hat jeder Mensch, ob nun religiös oder nicht, bestimmte Heiligtümer, die als höchste Berggipfel unserer moralischen Landkarte alles andere überragen.

Patrick Breitenbach: Und so hätte ich diesen Begriff »Mikrofundamentalismus« verortet, als das Heilige im Kleinen. Es muss nicht die große Weltanschauung sein, sondern es können an kleinen Themen und Anlässen ganze Freundschaften zerbrechen. Der berühmte Streit am Gartenzaun. Und ich glaube, ein wichtiges Merkmal für Fundamentalismus ist, dass es einen Punkt gibt, an dem eine Diskussion beendet wird.

Nils Köbel: Das glaube ich auch. Ein schönes Beispiel hierfür ist der berühmte Satz von Martin Luther, den er 1521 auf dem Reichstag zu Worms gesagt haben soll: »Hier stehe ich und kann nicht anders.« Obwohl der Satz in Wirklichkeit nie fiel, drückt er gut aus, worum es geht: Unsere höchsten Werte und Ideale sind uns so wichtig, dass wir sie auf keinen Fall zur Disposition stellen wollen. Diese Güter sind Eckpfeiler unserer Identität, und wenn sie verloren gingen, stünde unsere gesamte Persönlichkeit infrage.

Taylor betont in diesem Zusammenhang, dass es auch gar nicht leicht ist, unsere tiefen Wertbindungen mit Argumenten zu begründen, da sie eine ähnliche Struktur haben wie Beziehungen. Wer kann schon rein argumentativ darstellen, warum er sich in jemanden verliebt? Natürlich kann ich Eigenschaften aufzählen, die mir an einer Person besonders gut gefallen, aber ich kann damit niemanden überzeugen, sich auch in diese Person zu verlieben. Vor diesem Hintergrund betont der Soziologie Hans Joas, dass wir uns an Werte binden, wie wir uns an Menschen binden. Und diese Bindungen sind hochgradig emotional.

Wertbindungen können aber auch ganz üble Folgen haben, und damit kommen wir noch einmal zum Thema Gewalt und Extremismus. In dem Film »Der Baader Meinhof Komplex« von Regisseur Uli Edel gibt es einen interessanten Satz, der von der RAF-Terroristin Gudrun Ensslin geäußert wird. Sie sagt an einer Stelle des Films, dass es wichtig ist, aus dem Diskurs auszusteigen. Sie meint, dass sie aufhören sollten, mit anderen Menschen zu diskutieren, weil die Diskussion sie schwächt, wenn sie ihre Ideologie infrage stellt. Sie möchte sich damit vor einer möglichen Kontamination ihres Weltbildes schützen. Auch hier geht es um Hypergüter, die verteidigt werden. Dies kann eben auch dazu führen, dass ich diejenigen Menschen ablehne und bekämpfe, die meine fundamentalen Wertüberzeugungen nicht teilen.

Hypergüter können in diesem Sinne auch gefährlich werden, eben weil sie für uns so unvergleichlich wichtig sind. Ob es zu Mikroextremismen kommt, hängt davon ab, auf welche Art und Weise wir mit unseren Werten und Grundhaltungen umgehen. Lasse ich neben meinen Überzeugungen auch die Wertbindungen anderer Menschen gelten und versuche, im Dialog Übereinstimmungen zu finden, oder schotte ich mich ab und verachte alle, die meinen Überzeugungen nicht folgen? Hans Joas meint, dass gerade im religiösen Feld interessante Übersetzungen möglich sind: Wie wird ein Wert in einer bestimmten religiösen Tradition ausgedrückt? Und gibt es einen ganz ähnlichen Wert in einer anderen Religion, der nur in eine andere Form gekleidet ist? Spannende Sichtweisen, die uns direkt zu der Frage nach Demokratie und Menschenrechten führen.

Patrick Breitenbach: Na, dann lass uns beide und unsere Leser im Kopf mal lieber weiterdiskutieren – tief hinein in ein vernünftiges Wir.

AUTOTELISCHE GEWALT
ERKLÄRBARMACHEN
METAPHYSISCH
FIGUREN
GESELLSCHAFTLICH
FUNKTIONEN
MACHTINSTRUMENT
ABNAHME
EIGENVERANTWORTUNG
ZUSCHREIBUNG
ENTMENSCHLICHUNG
EXTERN
VORMODERNE
WANDEL
INTERN
MODERNE
IN UNS SELBST
REFLEXION NÖTIG
KOMPLEXER
#5
DAS UNVERNÜ
DAS BÖ
JESPER JUUL
AGGRESSION
JAN-PHILIPP REEMTSMA
GEWALT
LOZIEREND
RAPTIV
AUTOTELISCH
MACHT
ÜBER EIGENTUM
SEXUELLE
VERNICHTUNGSMACHT

NOTWENDIGKEIT
CHARLES TAYLOR
MORAL
#6
"LANDKARTEN"
"HYPERGÜTER"
HEGEL
DIALEKTIK
THESE
ANTITHESE
SYN THESE
UNVERMEIDBAR
TEIL DER FREIHEIT
FUNDAMENTALISMUS
WURZELN
CHRISTENTUM
RELIGIÖS
≠ TRADITIONALISMUS
PETER LUDWIG BERGER
"KOGNITIVE KONTAMINATION"
#8
DOGMA
INDISKUTABEL
KEIN INTERPRETATIONS-SPIELRAUM
RÜCKKEHR
EINFACHHEIT
AUFGEBEN DER IDENTITÄT
EXTREMISMUS
ALLUMFASSEND
POLITISCH
…NFTIGE WIR
…SE
DAS BÖSE ALS KONZEPT MACHT GEWALT ERKLÄRBAR
FUNDAMENTALISMUS IST VERNUNFT-IMMUNISIERT

KAPITEL 6 | DAS VERNÜNFTIGE WIR

Moral, Demokratie und die offene Gesellschaft

Patrick Breitenbach: Im vorherigen Kapitel haben wir ausführlich über das unvernünftige Wir gesprochen: das Böse, Gewalt, all das Schlimme, was es so gibt auf der Welt. Jetzt lass uns doch über das vernünftige Wir, die vernünftige Gesellschaft sprechen. Was ist eigentlich Vernunft?

Nils Köbel: Ja, eine Definition von Vernunft zu geben ist echt schwierig, weil sie so absolut grundlegend ist. Ganz formal könnte man sagen, Vernunft bezeichnet die Fähigkeit des Menschen, Hypothesen und Theorien über Wirkungszusammenhänge in der Welt mithilfe logischer Schlussfolgerungen aufstellen zu können. Einfacher könnte man sagen, Vernunft heißt, Annahmen zu entwickeln und kritisch zu überprüfen, und sich nicht einfach ein X für ein U vormachen zu lassen.

Patrick Breitenbach: Wann ist denn dieser Begriff überhaupt das erste Mal aufgetaucht in der Menschheitsgeschichte?

Nils Köbel: Vernunft ist ein uralter Begriff. Er kommt schon bei den antiken griechischen Philosophen vor und wurde sehr prominent in der Zeit der Aufklärung. Der berühmteste Philosoph der Aufklärung, Immanuel Kant, hat die Vernunft auf den Thron der Philosophie gehoben. Er sagte, die Vernunft ist unser wertvollstes Instrument, unser bestes Werkzeug und unsere schärfste Waffe. Weil Vernunft so mächtig ist, darf sie nicht nur instrumentell, das heißt für Entdeckungen und Erfindungen, benutzt werden. Sie soll auch die Richtschnur sein für das moralische und ethische Denken und Handeln des Menschen.

Patrick Breitenbach: Sie ist also so etwas wie ein Kompass, eine Orientierungshilfe?

Nils Köbel: Genau. Eine Art Kompass und eine Grundfähigkeit, die ich verwenden kann, um Probleme zu lösen und mich in der Welt zu orientieren. Tiere haben ihren Instinkt, Menschen haben die Vernunft, sagt Kant.

Patrick Breitenbach: Was passiert denn, wenn der Kompass nicht vorhanden ist? Also was ist sozusagen das Gegenteil von Vernunft? Vielleicht kann man den Begriff so besser umzingeln.

Nils Köbel: Also die Unvernunft ist bei Kant gekoppelt mit Unmündigkeit. Wenn der Mensch die Vernunft über Bord wirft, kann er leicht manipuliert werden. Wenn Menschen ihre Vernunft nicht nutzen und nicht selbst denken, übernehmen das andere für sie. Und das führt häufig zu Abhängigkeiten und Unfreiheiten. Im Mittelalter hat beispielsweise die Kirche das Denken der Menschen in vielen Bereichen sehr stark dominiert, und die Vernunft hatte manchmal gar keine Chance.

Vor diesem Hintergrund muss man auch den bereits zitierten Satz Kants verstehen: »Aufklärung ist der Ausgang des Menschen aus seiner selbstverschuldeten Unmündigkeit.« Da der Mensch ein vernunftfähiges Wesen ist, macht er sich selbst kleiner als er ist, wenn er die Vernunft geringschätzt. Wenn ich aber mutig anfange, selbst zu denken, dann nehme ich das Heft in die Hand. Ich kann mir eine eigene Meinung bilden und eigene Entscheidungen treffen. Natürlich kann ich dann auch Fehler machen, aber es beginnt ein Bildungsprozess, der mich freier und selbstbewusster macht. Dieses Versprechen hat Kant der Menschheit gegeben.

Patrick Breitenbach: Aber das ist ja ein ganz interessanter Punkt, weil man könnte jetzt ketzerisch werden. Angenommen, die damalige Kirche wäre durch und durch vernünftig gewesen und hätte sozusagen auch nur vernünftige Anweisungen gegeben, und das Volk wäre diesen vernünftigen Anweisungen gefolgt, wäre das denn für Kant okay gewesen?

Nils Köbel: Mit Sicherheit. Vernünftigem müssen Vernünftige zustimmen. Aber was ist schon durch und durch vernünftig? Etwas zu verbessern gibt es ja eigentlich immer.

Patrick Breitenbach: Er hat sich also schon an den Inhalten der damaligen Kirche und dem, was sie den Menschen vermittelt hat, gerieben?

Nils Köbel: Ja, Kant hat auch viele philosophische Lehrmeinungen der Kirche kritisiert. Die Vernunft ermöglicht nämlich eine kritische Prüfung von Meinungen und Institutionen. Das gilt für Politik, Religion, Wirtschaft, sowohl für private als auch öffentliche Belange: Wem kann ich zustimmen, wem muss ich widersprechen? Wie kann ich meine Meinung einbringen?

Patrick Breitenbach: Hatte Kant konkrete Beispiele für Unvernunft, oder hat er sich eher darauf beschränkt, die Vernunft zu beschreiben?

Nils Köbel: Er hat sich vor allem darauf konzentriert, die Vernunft zu beschreiben. Unvernünftig wäre für Kant eine einfache, vorbehaltlose Unterwerfung unter Autoritäten. Die Vernunft ist das Prüfinstrument, der Kompass, der mich auf Kurs halten kann. Und wenn ich der Vernunft folge, so Kant, sind die Folgen meines Handelns fruchtbar im Sinne eines Zugewinns an Autonomie.

Patrick Breitenbach: Wenn wir bei dem Bild bleiben: Damit ein Kompass funktioniert, braucht er ja ein Naturgesetz, also zum Beispiel das Magnetfeld der Erde. Ist Vernunft dann bei Kant auch so etwas wie ein Naturgesetz?

Nils Köbel: Ja. Kant betont, dass die Vernunft uns bestimmte Kategorien zur Verfügung stellt, mit denen wir Erfahrungen und Erkenntnisse gewinnen können. Raum, Zeit, Ursache, Wirkung sind nicht Resultate unserer Erfahrung, sondern machen Erfahrung erst möglich. Wenn wir diese Kategorien nicht schon in unserem Denken hätten, könnten wir gar keine Fragen über uns und die Welt entwickeln. Diese »A-priori-Kategorien« könnte man also tatsächlich als Grundbedingungen der Vernunft ansehen.

Aber das Bild des Kompasses passt noch viel besser zur Moralphilosophie Kants, zum berühmten Kategorischen Imperativ, der tatsächlich so etwas wie ein sittlicher Nordpol ist, an dem sich unser Handeln ausrichten sollte. Er lautet: »Handle so, dass die Maxime deines Willens jederzeit zugleich als Prinzip einer allgemeinen Gesetzgebung gelten könnte.« Klingt seltsam, ist aber gar nicht so schwer zu verstehen: Das alles Entscheidende ist der Wille des Menschen. Deshalb ist die Frage ganz wichtig, welche Maximen, also welche Grundsätze meinen Willen bestimmen sollen. Und Kant schlägt vor, dafür solche Maximen zu wählen, die auch als Prinzipien für gesellschaftliche Gesetze gelten können.

Patrick Breitenbach: »Was du nicht willst, das man dir tu, füg auch keinem anderen zu.«

Nils Köbel: Diese goldene Regel, die du nennst, scheint universal zu sein, sie kommt in jeder Gesellschaft irgendwann auf, sowohl in westlichen als auch östlichen Kulturen. Der Moralphilosoph Otfried Höffe fordert, sie deshalb als ein »Weltmoralerbe« anzusehen. Kant hebt diese goldene Regel aber auf ein neues Niveau: Meine eigenen Lebensorientierungen sollen so gewählt werden, dass man sie auch als Grundlagen für eine allgemeine Gesetzgebung verwenden könnte. Individuum und Gesellschaft werden moralphilosophisch miteinander verknüpft. Es geht also nicht mehr nur um mich, sondern um die Art und Weise, wie wir als Gesellschaft zusammenleben wollen. Unschlagbar genial.

Patrick Breitenbach: Das klingt noch etwas abstrakt, gib mir doch mal ein konkretes Beispiel.

Nils Köbel: Kant liefert selbst ein ganz einfaches Beispiel: Ich bin in einer schwierigen Situation und will mir von jemandem Geld leihen und lüge ihn deshalb an, sage ihm, meine Mutter sei krank und ich bräuchte das Geld für sie. Kant sagt nun: Klar haben wir vielleicht im ersten Moment den Gedanken, dass man auch mal lügen darf in einer schwierigen Situation. Jedoch wird einem beim gründlicheren Nachdenken sehr schnell klar, dass niemand mehr irgendjemandem Geld leihen würde, wenn dieses Recht, in Ausnahmen lügen zu dürfen, allgemeines Gesetz werden würde. Und diese Denkmethode hilft uns, unsere jeweiligen Standpunkte im Leben zu überdenken und zu überprüfen.

Patrick Breitenbach: Also ist die Reflexion im Zweifel wichtiger als die Handlung an sich.

Nils Köbel: Die Handlung ist dann auch wichtig, aber es geht um …

Patrick Breitenbach: … Bewusstsein!

Nils Köbel: Genau. Es geht um Bewusstsein. Um bewusstes Nachdenken.

Patrick Breitenbach: Bewusst handeln und Verantwortung dafür übernehmen.

Nils Köbel: Und Einsicht. Ich kann einsehen, dieses oder jenes hätte ich nicht tun dürfen. Weil mir klar wird: Wenn das jeder so machen würde, dann wäre das für unser Zusammenleben ziemlich übel. Aus solchen Gedanken folgen Mündigkeit und Verantwortung.

Patrick Breitenbach: Wobei … Wenn alle Menschen das in dieser einen haargenau gleichen Situation genauso machen würden, ist das ja schon wieder eine ganz andere Nummer, als zu sagen, wenn alle Menschen – unabhängig von der jeweiligen Situation – prinzipiell lügen würden. Da sollte man entsprechend differenzieren.

Nils Köbel: Ja, man kann für jede Situation eine solche Prüfung vornehmen. Ich habe durch das Studium der Moralphilosophie Kants etwas ganz Einfaches und Konkretes für mein Leben gelernt. Ich kann immer wieder innehalten, einen Schritt zurücktreten und eine Prüfung meines Handelns vornehmen. Dann frage ich mich: Welche Botschaft beinhaltet mein Handeln für andere Menschen? Welche Grundsätze prägen mein Handeln? Ist mein Handeln stimmig? Natürlich werde ich, wenn ich ehrlich zu mir selbst bin, feststellen, dass ich alles andere als perfekt bin, aber ich kann an mir arbeiten.

Patrick Breitenbach: Ist Vernunft auch etwas, das eigentlich demokratisch funktionieren sollte?

Nils Köbel: Die Epoche der Aufklärung war enorm wichtig für die Entwicklung demokratischer Grundprinzipien, wie etwa den Menschenrechten. Kant sagt, dass Menschen niemals als bloßes Mittel missbraucht werden dürfen. Jeder Mensch hat eine Würde, die unbedingt gilt und nicht verletzt werden darf. Das sind natürlich wesentliche Grundlagen für unser modernes Verständnis von Menschenrechten. Viele Philosophen und Politikwissenschaftler, die die Demokratie begründen wollen, berufen sich unter anderem auf die Moralphilosophie Kants, da rechtsstaatliche Demokratien davon leben, dass man Probleme vernünftig diskutiert und unterschiedliche Meinungen nicht als Hindernis, sondern als Bereicherung ansieht.

Patrick Breitenbach: Ja, wobei letztendlich Vernunft auch immer eine Art kulturelle Konstruktion ist. Nehmen wir mal so ein Beispiel wie die Todesstrafe …

Nils Köbel: Kant war übrigens zeitweise noch für die Todesstrafe.

Patrick Breitenbach: Zum Beispiel. Kant war ja auch, so wie die meisten seiner Zeitgenossen, Antisemit. Auch das würden wir aus heutiger Sicht als unvernünftig bezeichnen. Aber zurück zum Beispiel der Todesstrafe. Wenn eine Gesellschaft in Mehrheit beschließt, Todesstrafe sei eigentlich ganz vernünftig, wer hat dann recht? Also was ist die alles entscheidende Instanz der Vernunft?

Nils Köbel: Kant würde sagen, dass die Vernunft an sich keine Konstruktion ist, sondern die Voraussetzung dafür, überhaupt konstruieren zu können. Moralische Regeln entstehen und verändern sich in der Geschichte des Menschen. Zum Beispiel erschien es nach dem Zweiten Weltkrieg und dem Holocaust unbedingt geboten, universelle Menschenrechte zu formulieren, einfach aus diesen schrecklichen Erfahrungen heraus. Kant würde, glaube ich, nicht sagen, dass die Vernunft uns allwissend macht und wir immer den genauen Plan haben, was zu tun ist. Die vernunftgeleitete Reflexion unserer Lebenserfahrungen erlaubt uns vielmehr, aus der Geschichte zu lernen.

Dieses Programm reicht bis in die Moderne: Sogar im 20. Jahrhundert sagte der Philosoph Max Horkheimer, dass es endlich um die Herstellung vernünftiger gesellschaftlicher Verhältnisse gehen soll. Aufklärung ist in diesem Sinn ein Prozess, der nie an ein Ende kommt. Man kann mit Kants Vernunftbegriff auch seine eigenen politischen Haltungen hinterfragen. Er würde das begrüßen, nein, sogar fordern.

Patrick Breitenbach: Wollte Kant vielleicht die zuvor sehr religiös geprägte Moral und Ethik in die rationale, wissenschaftliche und säkularisierte Aufklärung transportieren?

Nils Köbel: Genau! Genau das ist sein Programm. In der griechischen Antike gab es die großen ethischen Lehren des Aristoteles. Er versuchte, konkrete Tugenden zu benennen, mithilfe derer das Leben gelingen kann. Er benannte vier wesentliche: Gerechtigkeit, Tapferkeit, Mäßigung und Klugheit. Im Mittelalter kamen dann die religiösen Tugenden Glaube, Liebe, Hoffnung hinzu, und die aristotelische Ethik wurde zur christlichen Ethik der Kardinaltugenden. Kant hat sich diese Moralvorstellungen genau angeschaut und gemerkt, dass diese inhaltliche Ethik, die sich an konkreten Grundhaltungen orientiert, zu ungenau ist.

Was bedeutet denn Tapferkeit? Was bedeutet Gerechtigkeit? Für wen? In welcher Situation? Deshalb versuchte er nicht mehr nach konkreten Inhalten zu fragen, sondern eine strukturale Moraltheorie aufzustellen, die wie ein Bearbeitungsprogramm funktioniert: Du hast ein bestimmtes Problem, eine bestimmte Situation, und überlegst, wie du dich dazu verhalten sollst. Dann kannst du einen Moment innehalten, einen Schritt zurücktreten und das Problem durch den Kategorischen Imperativ laufen lassen. Wie kann ich mich so verhalten, dass kein Mensch nur als Mittel zum Zweck benutzt wird? Welche Grundprinzipien sind in dieser Situation wichtig? Und dann kann man vielleicht schon ein bisschen klarer sehen und bekommt Ideen, wie man sich vernünftig verhalten kann.

Patrick Breitenbach: Das heißt, Kant war so einer der ersten Hacker von Macht- und Herrschaftsstrukturen?

Nils Köbel: Er hat eher so etwas wie ein moralisches Antivirenprogramm entwickelt, das immer aktuell ist. Man kann über jede moralische Aussage den Kategorischen Imperativ laufen lassen und schauen, ob eine Aussage ohne einen Befund durchkommt oder ausgebessert werden muss.

Patrick Breitenbach: Eigentlich müsste doch Kant bei vielen Computer-Nerds über dem Rechner hängen. Das klingt so, als könne man die meisten Probleme der Welt rational und mechanistisch lösen. Also mit der Vernunft der blanken Daten. Das wäre sozusagen Kant 2.0.

Aber wie ist Kant denn mit den irrationalen Dingen des Lebens wie Gefühlen und Trieben umgegangen? Wie hat er die gesehen?

Nils Köbel: Da gibt es schon Kritik an Kant, gerade von psychoanalytischer Seite. Sie betont, dass Kant die unbewussten Triebmotive, unsere Begehrlichkeiten und Bedürfnisse, das ganze Unvernünftige in uns, etwas unbeleuchtet lässt. Deshalb hat auch Sigmund Freud gesagt, dass er selbst die Aufklärung weiterführt. Das könnte man tatsächlich Aufklärung 2.0 nennen: Die Aufklärung selbst beinhaltet auch Verdrängungsmechanismen, die man aufdecken kann. Kant hat sich so stark auf unsere Vernunftfähigkeit konzentriert, dass er das Tierische in uns, unsere Triebe und unbewussten Wünsche unterschätzt hat.

Patrick Breitenbach: Kant als Nerd. Er galt ja auch als etwas eigenbrötlerisch.

Nils Köbel: Obwohl dieses Bild von Kant mittlerweile überholt ist. Kant war sicher nicht total weltfremd, das haben Forscher wie Otfried Höffe oder Volker Gerhardt deutlich herausgestellt.

Patrick Breitenbach: Dennoch prägte sich das Bild des im Königsberger Kämmerchen sitzenden Professors in unser Bewusstsein ein. Und er war jetzt nicht gerade ein Kosmopolit, der herumreiste, viel mit Menschen sprach und die Welt direkt erforschte.

Nils Köbel: Was Kant wissenschaftlich ausgemacht hat, sieht man vielleicht, wenn man ihn mit einer anderen wichtigen Figur seiner Zeit vergleicht, mit Johann Wolfgang von Goethe. Der war der »Hans Dampf in allen Gassen«, der in ganz vielen Bereichen der Gesellschaft aktiv war: in der Politik, Kunst und Wissenschaft.

Patrick Breitenbach: Eher der Lebemann.

Nils Köbel: Genau. Ein Kosmopolit kann man sagen. Kant war ganz anders. Er hat versucht, ein Höchstmaß an gedanklicher Konzentration zu erreichen. Ähnlich einem Forscher in einem Labor, das ja auch in gewisser Weise abgeschirmt sein muss. Er war fasziniert von den Möglichkeiten, die die Vernunft uns bietet. Temperament und Triebe sind dann natürlich eher Störungen und Ablenkungen. Goethe hat die Leidenschaften des Menschen viel stärker betont und hat diesen auch in seinem eigenen Leben viel mehr Raum gegeben als Kant.

Patrick Breitenbach: Nicht dass ein falscher Eindruck entsteht, ich finde es ja immer gut, wenn es auch eine sehr tiefe Betrachtungsweise in eine Richtung gibt, solange es auch entsprechende Gegenentwürfe gibt. Von daher ist es wichtig, dass es immer mehrere Perspektiven gibt, zum Beispiel Introvertiertheit und Extrovertiertheit. Und erst wenn man beides von außen übereinanderlegt, wird es richtig spannend.

Nils Köbel: In der Ethnologie gibt es zwei schöne Begriffe für unterschiedliche Forschungsphasen: »going native« und »going home«. Also hinaus in die Welt gehen und Erfahrungen sammeln, und dann zu Hause in Ruhe die Daten auswerten und Theorien aufstellen. Beides ist wichtig. Und Kant war wahrscheinlich eher der Going-home-Typ. Aber gerade durch seine konsequente Art des Forschens konnte er seine bahnbrechenden Thesen aufstellen.

Patrick Breitenbach: Und so hat Kant sozusagen im Königsberger Labor seinen moralischen Kompass gebaut.

Nils Köbel: Im Grunde hat er den Kompass gar nicht gebastelt, sondern entdeckt. Kant hat sich angeschaut, was passiert, wenn wir die Vernunft einsetzen, um moralische Probleme zu lösen. Und dabei hat er gesehen, dass unser moralisches Denken, wenn wir die Vernunft walten lassen, eigentlich immer auf den Kategorischen Imperativ hinausläuft. Kant hat ihn freigelegt, so wie Archäologen eine Fundstätte freilegen. Er hat die Vernunft nicht erfunden, sondern sie analysiert, er hat versucht zu verstehen, wie sie funktioniert und wirkt.

Patrick Breitenbach: Das wäre sozusagen Moral. Wie kommt jetzt die Ethik ins Spiel – oder gibt es überhaupt einen Unterschied zwischen Moral und Ethik?

Nils Köbel: Viele sagen, dass die Ethik die philosophische Begründung für Moral darstellt. Jedoch gibt es auch Bestimmungen, die Ethik und Moral als etwas ganz Unterschiedliches definieren. Die Moralphilosophen Detlef Horster und Lutz Wingert bestimmen Moral als Leitsätze, die für alle Menschen gelten sollen.

Das moralische Gebot »Du sollst nicht töten« gilt für alle Menschen und ist daher im Sinne Kants kategorial. Moral bezieht sich immer auf alle Mitglieder einer Gesellschaft: Warum ist es wichtig, dass alle Menschen dieses oder jenes tun bzw. unterlassen?

Ethik bezieht sich demgegenüber auf die Frage nach dem subjektiv gelungenen Leben: Warum ist es für MICH wichtig, bestimmte Grundhaltungen in meinem Leben zu haben und mein Handeln nach bestimmten Werten auszurichten? Das heißt, während sich Ethik eher auf die Frage nach dem subjektiv geglückten Leben bezieht, fragt Moral mehr nach kategorischen Imperativen. Ethik richtet sich auf das Subjekt und Moral auf die Gesellschaft.

Patrick Breitenbach: Mir ist dieser Unterschied in Heinz von Foersters Buch »Teil der Welt – Fraktale einer Ethik« begegnet. Moral ist eher »Du sollst« und Ethik »Ich mache« oder »Ich tue« oder »Ich will«. Außerdem war er der Auffassung – ähnlich wie sein Nennonkel Ludwig Wittgenstein –, Ethik sei etwas, worüber man im Grunde gar nicht reden kann. Man kann es so gut wie nicht beschreiben, man muss es leben.

Nils Köbel: Ja, das wäre eine ähnliche Bestimmung. Aber man kann auch über seine ethischen Haltungen reden. Man kann sie auch anderen Menschen mitteilen.

Patrick Breitenbach: Das eigene Handeln, die Ethik, muss mit der gängigen Moral des »Du sollst« gar nichts zu tun haben. Es gibt den moralischen Grundsatz »Du sollst nicht töten« und dennoch immer wieder Situationen, in denen Töten moralisch geboten ist, z. B. im Krieg. Das Moralische hat sich somit in diesen Kontexten offenbar völlig gewandelt.

Nils Köbel: Ethik und Moral können sich beißen. Wichtig ist dann, die Ethik eines Menschen hinsichtlich moralischer Imperative zu prüfen.

Patrick Breitenbach: Es kann sich beißen, und die Moral wiederum ist keine Garantie für Ethik.

Nils Köbel: Die Freiheit des Einzelnen, sein Leben zu gestalten, geht nur so weit, wie die Freiheit des anderen nicht eingeschränkt wird. Jeder hat das Recht auf ein ethisches Leben, und das ist wiederum ein moralischer Grundsatz, weil er alle betrifft. In diesem Sinn bildet die Moral die Voraussetzung für Ethik.

Patrick Breitenbach: Oder umgekehrt. Es gibt eine gewisse Ethik, die man zu einem moralischen Standard erheben will.

Nils Köbel: Wie meinst du das?

Patrick Breitenbach: Also wenn ich beispielsweise sage, es ist gang und gäbe, dass wir uns gegenseitig abschlachten, es ist völlig normal. So etwas wie die Blutrache, die Vendetta, die es bis heute noch gibt. Und dann sagt plötzlich jemand: Nein, ich höre ganz bewusst damit auf. Ich nehme keine Rache, und ich finde, das sollte zu einer Moral für die gesamte Gesellschaft werden, weil sich dann eine Gesellschaft zivilisatorisch weiterentwickelt. Also aus einer konkreten ethischen Handlung leitet sich dann vielleicht eine Moralformulierung ab.

Nils Köbel: Wenn meine ethische Überzeugung für alle verbindlich werden soll, muss ich eine moralische Begründung liefern. Und dann ändert sich der Rahmen. Was vorher eine ethische Überzeugung war, wird nun zu einem allgemeinen Gut. Ja, das gibt es tatsächlich.

Patrick Breitenbach: Anders kann es ja eigentlich auch gar nicht funktionieren. Moral fällt ja nicht einfach so vom Himmel.

Nils Köbel: Nein, moralische Normen entstehen aus sozialen Prozessen heraus, in denen Menschen die Grundregeln ihres Zusammenlebens festlegen.

Patrick Breitenbach: Aber irgendwann müssen die ja formuliert worden sein.

Nils Köbel: Moralische Normen entstehen durch gesellschaftliche Entwicklungen; sie werden erkannt, aufgeschrieben, ausgehandelt, ausgefochten, teilweise sogar durch Revolutionen. Moral verändert sich in ganz komplexen sozialen Interaktionen. Bereits unsere ganz frühen Verwandten in der Steinzeit haben begonnen, Stammesregeln zu definieren. Moral ist so alt wie unsere Kultur. Manche Soziobiologen sehen sogar bei Schimpansen Ansätze einer Moral, etwa bei der Futterverteilung oder beim Schutz der Artgenossen vor Feinden.

Patrick Breitenbach: Okay, machen wir vielleicht ein Beispiel. Fleischessen. Da geht es immer um die Tötung von Lebewesen. Und dazu gibt es keine wirklich klare Moralformulierung, zumindest nicht in unserem kulturellen Kontext und in unseren Gesetzen. Fleischessen ist also nicht nur moralisch erlaubt, sondern moralisch völlig okay oder normal.

Nils Köbel: In unserer Gesellschaft schon, ja.

Patrick Breitenbach: Es gibt aber eine sehr ausgeprägte Ethik derjenigen, die sagen, wir essen bewusst kein Fleisch. Und es gibt zugleich Menschen, die aus ihrer Ethik heraus auch eine allgemeine Moral formulieren möchten. Niemand sollte mehr Fleisch essen.

Nils Köbel: Es gibt unterschiedliche Beweggründe, warum Menschen kein Fleisch essen. Manche Vegetarier oder Veganer sehen die Sache moralisch und fordern, wie du sagst, dass niemand Fleisch essen sollte. Andere wiederum betrachten ihren Fleischverzicht ethisch und sagen: Das ist mein Lebensweg, für mich ist es ein hohes Gut, darauf zu verzichten, Tiere zu essen. Wenn du das machen willst, wenn du das mit deinem Leben vereinbaren kannst, dann mach das, aber für mich ist es wichtig, darauf zu verzichten.

Der Beatle Paul McCartney sagte einmal, er will nichts essen, was ein Gesicht hat. Das ist eine ethische Grundorientierung. Es gibt aber natürlich auch noch ganz andere Begründungen für Fleischverzicht, wie etwa medizinische.

Patrick Breitenbach: Genau, ich könnte ja irgendwie allergisch sein oder es nicht vertragen.

Nils Köbel: Das wäre dann weder eine moralische noch eine ethische Begründung, sondern pragmatische Klugheit. Ich tu's nicht, weil's mir schadet. Man kann auch Klugheit, Moral und Ethik miteinander koppeln: Ich würde gerne Fleisch essen, hätte auch gar kein moralisches Problem damit, kann es aber leider aus gesundheitlichen Gründen nicht. Oder: Es macht mir nichts aus, dass ich kein Fleisch vertrage, ich finde es moralisch ohnehin nicht okay, Fleisch zu essen. Und es gibt auch Menschen, denen die Ethik wichtiger ist als die Pragmatik: Obwohl es für mich gesünder wäre, Fleisch zu essen, tue ich es nicht, weil ich es aus ethischen Gründen nicht will.

Patrick Breitenbach: Daraus lese ich aber trotzdem, dass Moral zuerst einer ethischen Haltung bedarf. Also bevor es nicht ein Individuum gibt, das ethisch so handelt und es begründet, kann man doch noch keine Moral ableiten. Also ich muss ja erst mal die Eigenerfahrung machen, um es für andere einzufordern.

Nils Köbel: Aber du kommst nicht auf die Welt und fängst von Null auf an, eine Lebensethik zu entwickeln. Das läuft nur über die Auseinandersetzung mit gesellschaftlichen moralischen Regeln, in die du hineingeboren wirst.

Patrick Breitenbach: Ja klar, das auf jeden Fall.

Nils Köbel: Kinder werden in eine Gesellschaft mit ihren Werten und Normen hineingeworfen. Nur auf dem Boden einer moralischen Sozialisation kannst du überhaupt die Frage stellen, was denn dein Lebensweg sein soll.

Patrick Breitenbach: Aber dennoch: Wenn du in eine Moral der Fleischfresser hineingeboren wirst und plötzlich die Ethik des Vegetarismus entdeckst …

Nils Köbel: … dann geschieht das in Auseinandersetzung mit moralischen Imperativen, die ich natürlich prüfen und kritisieren kann, wie wir bei Kant gesehen haben.

Patrick Breitenbach: Na ja, dann war zumindest eine Gegenmoral da, an der ich mich orientiere oder gar reibe.

Nils Köbel: Genau. Moral und Ethik bedingen sich gegenseitig. Ich lerne, dass es in unserer Gesellschaft okay ist, Fleisch zu essen, und kann dazu eine Haltung einnehmen. Ich kann zustimmen oder ablehnen, ich kann etwas Bestehendes bekräftigen, Alternativen vorschlagen oder ein Umdenken fordern.

Patrick Breitenbach: So eine Art Kreislauf.

Nils Köbel: Ja.

Patrick Breitenbach: Kann man Moral eigentlich wissenschaftlich untersuchen oder gar messen?

Nils Köbel: Ja, es gibt ein berühmtes Modell zur Entwicklung des moralischen Denkens. Es wurde aufgestellt von Lawrence Kohlberg, einem amerikanischen Psychologen und Erziehungswissenschaftler. Er hat eine ziemlich geniale Methode entwickelt, mit der man die Moral eines Menschen bestimmen kann. Er hat mit sogenannten Dilemmata gearbeitet. Das sind kurze Geschichten, in denen ein moralischer Konflikt vorliegt. Diese Geschichten hat er Personen vorgelegt und sie nach ihren Meinungen dazu gefragt.

Patrick Breitenbach: Dann lass uns doch mal ein Dilemma ins Spiel bringen.

Nils Köbel: Ich habe da ein sehr spannendes, aber auch sehr schwieriges im Kopf, das wir an der Uni für ein Forschungsprojekt verwendet haben. Es ist auch deshalb so interessant, weil es auf einem realen Fall beruht, der sich so ähnlich vor ein paar Jahren ereignet hat.

LAWRENCE KOHLBERG

1927–1987

Moralpsychologe

»Moral ist die Fähigkeit, einen Sachverhalt aus einer anderen als nur deiner eigenen Perspektive zu betrachten«

Ein Mann hatte ein elfjähriges Kind entführt, um Lösegeld zu erpressen. Nach einigen Tagen kam die Polizei dem Täter auf die Spur und konnte ihn festnehmen. Der Mann weigerte sich jedoch, den Aufenthaltsort des Kindes zu nennen. Da seit der Entführung bereits vier Tage vergangen waren, befürchtete der Polizeichef, dass für das Kind akute Lebensgefahr bestehe.

Obwohl er wusste, dass die Androhung körperlicher Gewalt gesetzlich verboten ist, befahl er, dem Täter starke Schmerzen anzudrohen, falls er sich weiterhin weigerte, den Aufenthaltsort des Kindes zu nennen.

Das ist ein Dilemma, in dem zwei grundlegende moralische Werte aufeinandertreffen. Auf der einen Seite steht mit dem Kind das Recht auf Leben und körperliche Unversehrtheit auf dem Spiel. Auf der anderen Seite steht die unantastbare Würde des Menschen, die bei Folter und Folterandrohung massiv verletzt werden würde.

Kohlberg sagt nun, dass man das moralische Denken von Menschen gut beobachten kann, wenn man ihnen ein solches Dilemma vorlegt und sie nach ihrer Meinung fragt: Was meinen Sie, durfte der Polizeichef dem Mann Schmerzen androhen? Hätte er ihm Schmerzen zufügen dürfen? Spielt es eine Rolle, dass er als Polizeichef ein Repräsentant des Staates und damit des Grundgesetzes ist? Die Antworten auf solche Fragen geben einen guten Einblick in das moralische Denken und Urteilen.

Patrick Breitenbach: Also liebe Leserinnen und Leser – was sollte der Polizeichef tun?

Nils Köbel: Verdammt schwierige Frage.

Patrick Breitenbach: Und *warum* sollte er es tun oder nicht tun – das ist dabei wahrscheinlich die entscheidende Frage.

Nils Köbel: Ja, man muss immer nach der Begründung fragen: Warum sollte der Polizeichef das tun bzw. nicht tun? Was also ist die Maxime seiner Handlung? Die Antwort auf die Warum-Frage zeigt die moralische Argumentation, die hinter einer Meinung steht. Kohlberg hat gesagt, dass moralische Begründungen bestimmte Strukturen aufweisen. Das kann man sich wie eine Treppe vorstellen: Auf den untersten Stufen sind die Begründungen ganz einfach, ganz simpel. Und je höher ich die Treppe hinaufgehe, umso komplexer werden die Argumentationen, umso mehr Facetten und Aspekte eines Dilemmas werden erkannt und berücksichtigt.

Patrick Breitenbach: Wie viele Stufen gibt es?

Nils Köbel: Insgesamt gibt es in der Kohlberg-Theorie sechs Stufen. Er unterscheidet drei große Niveaus des moralischen Urteils, die jeweils zwei Stufen beinhalten. Ich kann das ja mal kurz skizzieren:

Postkonventionelles Moralniveau	Stufe 6: Orientierung an universellen, übergeordneten moralischen Prinzipien
	Stufe 5: Orientierung an universellen Vertragsprinzipien
Konventionelles Moralniveau	Stufe 4: Orientierung an bestehenden staatlichen Gesetzen
	Stufe 3: Orientierung am sozialen Nahfeld
Präkonventionelles Moralniveau	Stufe 2: Orientierung an »Wie du mir, so ich dir«
	Stufe 1: Orientierung an Belohnung und Bestrafung

Patrick Breitenbach: Fangen wir mal mit dem ersten Niveau an.

Nils Köbel: Das wäre das präkonventionelle Niveau.

Patrick Breitenbach: Stufe eins und zwei wahrscheinlich.

Nils Köbel: Genau. Jedes Niveau hat ja zwei Stufen. Deshalb sechs insgesamt: drei mal zwei.

Patrick Breitenbach: Ach was!

Nils Köbel: Die präkonventionelle Moral liegt, wie der Name schon sagt, vor den Konventionen. Auf Stufe eins geht es nur um Belohnung und Bestrafung: Die Dinge sind gut, für die ich belohnt werde, und die Dinge sind schlecht, für die ich bestraft werde.

Patrick Breitenbach: Also das hieße bei dem Folterbeispiel, der Polizeichef darf es nicht, und die Begründung wäre, er darf es nicht tun, weil er vom Gesetz bestraft werden würde.

Nils Köbel: Genau. Der Polizeichef kann doch keinen Bock drauf haben, in den Knast zu gehen, deshalb soll er das nicht tun. Wäre ja schön blöd, wenn er das machen würde.

Patrick Breitenbach: Und umgekehrt sollte er natürlich foltern, weil dann das Kind wahrscheinlich befreit würde, und er wäre ein Held.

Nils Köbel: So ist es. Das wäre Stufe eins. An diesen Beispielen sieht man schon, dass es einen wichtigen Unterschied zwischen Inhalt und Struktur gibt: Du kannst sowohl ja als auch nein sagen, die Strukturstufe ist dieselbe. Für Kohlberg ist die Art und Weise, wie man mit moralischen Inhalten umgeht, entscheidend. Ein Wort wie Gerechtigkeit heißt erst mal gar nichts. Ich muss wissen, was jemand damit meint. Die Art und Weise, wie ich argumentiere, ist das Entscheidende. Das kann man auch im Alltag sehen: Manche Leute kommen hoch moralisch daher und haben auf jede moralische Frage sofort eine Antwort. Aber wenn man genau hinschaut, verbirgt sich dahinter oft ein ziemlich flaches Denken.

Patrick Breitenbach: Okay. Stufe zwei?

Nils Köbel: Die zweite Stufe des ersten Niveaus wäre eine Art Kaufmannsmoral: Ich gebe dir etwas, wenn ich etwas dafür bekomme. Der Polizeichef soll nur dann dem Mann Schmerzen zufügen, wenn er darauf vertraut, dass jemand anderes in seiner Situation auch für ihn foltern würde, um ihn aus einer lebensgefährlichen Situation zu retten.

Hier taucht schon eine Vorstellung von Gerechtigkeit auf, wenn auch nur eine sehr einfache. Es muss ein echter Deal sein, bei dem ich das Gleiche bekomme, das ich gebe. Kinder argumentieren oft so. Sie sagen z. B.: »Ich gebe dir nur dann den Kleber, wenn ich die Schere bekomme« oder »Wenn du mir dein Geheimnis verrätst, dann verrate ich dir meines«, das ist Stufe zwei. Ist auch bei Erwachsenen noch weitverbreitet.

Patrick Breitenbach: Ja, das ist so im Wahlkampf gang und gäbe. Ich verspreche dir das, wenn du mir deine Stimme gibst.

Nils Köbel: Genau. Da gibt's das auch oft. Das präkonventionelle Niveau liegt noch vor den gesellschaftlichen, konventionellen Regeln. Vorgesellschaftlich könnte man sagen. Es gibt noch keine Vorstellungen von Gesetzen, es gibt noch keine Einbeziehung allgemeiner Regeln, es gibt eigentlich nur Pragmatik.

Patrick Breitenbach: Das zweite Niveau?

Nils Köbel: Das zweite Niveau ist das konventionelle Niveau. Die Stufen drei und vier orientieren sich an bestehenden Regeln. Stufe drei macht die Regeln des Nahfeldes stark: Die Moral meiner Familie ist mir heilig. Die Regeln meiner Gang sind mir Gesetz.

Patrick Breitenbach: Also das heißt im Fall des Polizisten, ich habe Gesetztestreue geschworen, und dem halte ich die Treue. Da geht es nicht darum, dass ich Angst vor der Konsequenz habe, sondern ich glaube an das Gesetz.

Nils Köbel: Ja, wobei auf Stufe drei die Regeln des Nahfeldes gelten: Die Familie des entführten Kindes macht sich unendlich viele Sorgen, deshalb muss der Polizist dem Täter Schmerzen androhen, er würde das doch auch tun, wenn es sein eigenes Kind wäre. Oder: Der Polizist darf keine Schmerzen androhen, wenn die Polizeikumpel damals untereinander ausgemacht und geschworen haben, so was niemals zu tun. Auf Stufe drei stehen die Regeln meiner Dorfgemeinschaft, meiner Peergroup, meiner Familie im Mittelpunkt. Diese Konventionen sind …

Patrick Breitenbach: … prinzipiell unhinterfragbar.

Nils Köbel: Genau.

Patrick Breitenbach: Stufe vier?

Nils Köbel: Auf Stufe vier kommen jetzt die staatlichen Gesetze. Diese sind unbedingt einzuhalten, weil sie unsere Gesellschaft stabilisieren und erhalten. Jetzt kommt eine gesellschaftliche Perspektive ins Spiel. Es geht nicht mehr nur um uns als Gemeinschaft, sondern es geht um uns alle, auch um die, die ich persönlich gar nicht kenne. Gesetze schützen unser Zusammenleben. Bei Verstößen droht Chaos. Eine »Law and Order«-Moral könnte man sagen. Aber in der Argumentationsstruktur schon ziemlich komplex. Für unseren Fall: Der Polizeichef darf dem Täter keine Folter androhen, weil er dann das Gesetz brechen würde. Und das ist ganz wichtig, denn wenn das Folterverbot nicht eingehalten wird, kommen wir in barbarische Zustände, die wir nicht haben wollen können.

Patrick Breitenbach: Okay, die Begründung *gegen* Folter wäre auf Stufe vier ja eindeutig, was ist dann auf Stufe vier die Begründung *für* die Androhung von Folter?

Nils Köbel: Der Polizeichef soll dem Mann Schmerzen androhen, denn das Gesetz des Lebensschutzes ist wichtiger als das Gesetz, das die Würde des Täters schützt. Unsere Gesetze haben die Funktion, unsere Gesellschaft stabil zu halten. Deshalb sind die Gesetze, die das Leben schützen, die allerwichtigsten. Viele Menschen auf Stufe vier sind davon überzeugt, dass eine Androhung von Folter in einem solchen Fall nicht gegen das Gesetz verstoße, weil ein Notstandsverhalten vorliege, das vom Recht gedeckt sei. Tatsächlich wird das in vielen juristischen Abhandlungen über diesen Fall angeführt.

Patrick Breitenbach: Okay. Wie lässt sich das noch steigern?

Nils Köbel: Das dritte Niveau nennt Kohlberg postkonventionell, weil es Menschen auf diesem moralischen Niveau möglich ist, jenseits von Konventionen und Gesetzen nach allgemeingültigen, universellen Prinzipien zu fragen. Auf Stufe fünf werden Gesetze nicht mehr als unveränderlich angesehen, sondern als Verträge, die sich an übergeordneten, universellen Prinzipien orientieren müssen. Hier kommen Begriffe wie Menschenwürde und Menschenrechte ins Spiel.

Wenn Gesetze die universelle Würde des Menschen nicht

schützen, sondern gefährden, müssen sie verändert werden. Auf Stufe fünf könnte man argumentieren, dass der Polizeichef als Repräsentant eines demokratischen Rechtsstaates, dessen oberstes Prinzip der Schutz der unantastbaren Würde des Menschen ist, den Täter nicht foltern darf, auch wenn das Kind in Lebensgefahr ist.

Die Würde des Menschen wird auf Stufe fünf als vorstaatlich angesehen: Ein Staat kann keine Menschenrechte vergeben oder entziehen, sondern nur achten oder missachten. In diesem Sinne gehen Menschenrechte jeder staatlichen Ordnung voraus und bilden den Maßstab jeglicher Gesetzgebung. Andererseits gilt dieser unbedingte Schutz der Würde eben auch für das Kind, und das macht das Dilemma so schwierig. Ich glaube, dass es auf postkonventioneller Ebene argumentativ nicht lösbar ist. Es geht am Ende nie auf.

Patrick Breitenbach: Auch nicht auf der letzten Stufe?

Nils Köbel: Die letzte Stufe wurde empirisch eigentlich nie gefunden. Kohlberg hat jedoch gesehen, dass es Menschen gibt, die über die Argumentationsstruktur der Stufe fünf hinausdenken können. Einige Lehrbücher meinen, dass der Kategorische Imperativ von Kant auf Stufe sechs zu verorten ist, ich bin mir aber nicht sicher, ob das stimmt. Ich glaube, Kohlberg hatte eher historische Gestalten wie Mahatma Gandhi oder Martin Luther King im Auge, die noch mal höhere Prinzipien hatten als die vertraglich zu sichernde Menschenwürde.

Patrick Breitenbach: Da wäre dann zum Beispiel der Perspektivwechsel integriert. Also von außen betrachtet kann ich natürlich die Lebenswirklichkeit des Polizisten nachvollziehen. Er will unbedingt das Leben dieses Kindes retten. Ich kann mich hineinversetzen in die Eltern, die natürlich fordern, alles zu tun, um das Versteck zu offenbaren, aber dennoch ist es gesamtgesellschaftlich gesehen als Präzedenzfall fatal, zumal es natürlich auch immer sein könnte, dass der Verdächtige vielleicht wirklich unschuldig ist.

Nils Köbel: In diesem Fall hat er es zugegeben. Aber es könnte beim nächsten Fall so sein, dass man nicht genau weiß, ob jetzt jemand schuldig ist oder nicht, und was macht man dann?

Patrick Breitenbach: Es ist schon ein echtes Dilemma.

Nils Köbel: Das ist ein Scheißdilemma. Man kommt nie sauber raus.

Patrick Breitenbach: An dem Punkt ist es tatsächlich eine Frage der Verantwortung.

Nils Köbel: Verantwortung ja, aber in welche Richtung? In diesem Dilemma kollidieren die zwei wichtigsten Werte, die wir kennen, miteinander: Leben und Menschenwürde.

Patrick Breitenbach: Und was interessant ist: Ich kann die Entscheidung trotzdem gegen meine moralische Stufe treffen. Also der Polizist kann sich auf der Kohlbergstufe fünf dem Gesellschaftsvertrag gewahr sein, sich aber trotzdem in dem Moment sagen: Ich scheiß jetzt drauf und helfe diesem Kind, weil das meine persönliche Entscheidung ist und ich sonst nicht mehr schlafen könnte. Es geht gegen meine Empathie.

Nils Köbel: Ja, nur Empathie reicht aber nicht aus, um ein für die gesamte Gesellschaft gerechtes Urteil zu fällen. Man muss nämlich ganz verschiedene Dimensionen der Empathie mitberücksichtigen. Für das Kind in Lebensgefahr, ganz klar. Aber auch für den nächsten, der vielleicht unschuldig gefoltert wird, wenn wir das gesetzlich in solchen Notfällen erlauben würden.

Patrick Breitenbach: Es ist schon spannend.

Nils Köbel: Das ist irrwitzig: Nehmen wir an, wir beschließen, dass es in solchen Notfällen gesetzlich erlaubt ist, Schmerzen anzudrohen und zuzufügen. Wenn sich dann ein Polizist weigert, einen Täter zu foltern, könnte ich ihn wegen Fahrlässigkeit verklagen.

Bei diesem Dilemma kann man sehr deutlich sehen, dass es manchmal ein Zeichen einer hohen Stufe ist, wenn man keine eindeutige Antwort weiß. Menschen auf einem postkonventionellen Niveau kann es passieren, dass sie ein Dilemma offen lassen müssen, weil sie erkennen, dass alle Perspektiven, die sie sehen und verstehen, gleiche Berechtigung haben. In unserem Folter-Dilemma ist das so, glaube ich.

Patrick Breitenbach: Also überhaupt dieses Dilemma zu erkennen.

Nils Köbel: Genau.

Patrick Breitenbach: Dass es ein Dilemma ist und eben NICHT eine eindeutige Entscheidung.

Nils Köbel: Ja, wir haben ja bereits beim Thema Ideologie festgestellt, dass manchmal schnelle, einfache Schwarz-Weiß-Entscheidungen unterkomplex und einem Sachverhalt nicht angemessen sind.

Patrick Breitenbach: Jetzt mal wieder zurück zum Wir, also zu unserer Gesellschaft. Kann man mit diesem Kohlbergmodell auch Gesellschaftsstufen, politische Systeme oder Herrschaftsstrukturen einordnen?

Nils Köbel: Ja, in traditionellen Clan-Gesellschaften brauchte man gar kein postkonventionelles Niveau. Man regelte die Sachen direkt in der Gruppe.

Patrick Breitenbach: Die Warlords.

Nils Köbel: Genau. Eine postkonventionelle Moral wird wichtig in komplexen, modernen Gesellschaften, in denen auch die Dilemmata komplizierter werden.

Patrick Breitenbach: Wo es staatenübergreifend wird.

Nils Köbel: Zum Beispiel. Dann reicht eine einfache Stufe-drei-Moral einfach nicht mehr aus, um den Problemen und Herausforderungen gerecht zu werden. Mit der Komplexität der Gesellschaft muss auch das Niveau des moralischen Urteils steigen, sonst komme ich nicht mit und kann in Problemlagen keine vernünftigen moralischen Haltungen bilden.

Patrick Breitenbach: Okay. Jetzt mal weg von den Banden und Schurken. Wie sähe denn eine ideale Gesellschaft auf einer hohen moralischen Stufe aus? Es gibt da einen unserer Lieblingsphilosophen …

Nils Köbel: … der Karl Popper.

Patrick Breitenbach: Was hat er denn zu diesem Thema beigetragen?

Nils Köbel: Na gut, Karl Popper hat ein berühmtes Buch geschrieben, das heißt »Die offene Gesellschaft und ihre Feinde«. Darin schreibt er, dass eine offene Gesellschaft sich dadurch auszeichnet, dass möglichst viele unterschiedliche Meinungen erlaubt sind. Mit Kohlbergs Worten könnte man eine offene Gesellschaft auch als eine postkonventionelle Gesellschaft bezeichnen, in der man angstfrei Meinungen austauschen kann, in der man frei atmen kann, weil man durch gesetzlich garantierte Menschenrechte wie Meinungs- und Religionsfreiheit vor Unterdrückung geschützt wird. Als Bedrohungen der offenen Gesellschaft sah Popper vor allem die Nazis, aber auch die Stalinisten an, die versucht haben, Gesellschaften von oben herab mit Gewalt zu kontrollieren.

Patrick Breitenbach: Man spricht an der Stelle auch von der pluralistischen Gesellschaft, also in der möglichst viele und vielfältige Ansichten vertreten und erlaubt sind. Was würde Popper denn sagen, wenn krude und menschenverachtende Ansichten in einer offenen Gesellschaft auch ihren Platz finden? Also da stößt doch die offene Gesellschaft zwangsläufig an ihre Grenzen?

Nils Köbel: Also er hat schon gesagt, dass es möglichst weit gehen soll, dass also möglichst viel Meinungsfreiheit zugelassen werden soll. Jedoch hat Popper den Nationalsozialismus selbst erlebt und musste vor ihm in die Emigration nach Neuseeland fliehen. Deshalb forderte er nach dem Krieg, dass offene Gesellschaften auch die Möglichkeit haben müssen, sich gegen totalitäre Ideologien zu wehren.

Patrick Breitenbach: Und ich glaube sein Hauptanliegen in puncto Demokratie war noch nicht mal die aktive Beteiligung, also jeder *muss* teilnehmen am politischen Betrieb, sondern er hat es eher als wichtig empfunden, jederzeit die Möglichkeit zu haben, die politisch Herrschenden abzuwählen.

Nils Köbel: Genau. Das war seiner Meinung nach das Grundprinzip der Demokratie, das seinem Wissenschaftsprinzip entspricht: Wissenschaftliche Theorien müssen überprüft werden. Wenn sie diesen Überprüfungen standhalten, dann bewähren sie sich. Und auch Regierungen müssen sich bewähren. Wenn sie den Zustand einer Gesellschaft verschlechtern, müssen sie abgewählt werden können. Und das geht nur in Demokratien, weil es in ihnen regelmäßige Wahlen gibt. In Demokratien gibt es nur Macht auf Zeit.

Patrick Breitenbach: Das heißt, die Macht in einer offenen Gesellschaft ist in dem Sinne immer etwas sehr Flüssiges, und die Macht in der Gesellschaft wird erst dann zum Problem, sobald sie erstarrt und zur totalitären und hermetisch verriegelten Herrschaft mutiert.

Nils Köbel: Ja. Also Poppers schlimmste Befürchtung ist im Nationalsozialismus wahr geworden: Ein Diktator wird gewählt und schafft daraufhin die Demokratie ab. In der Weimarer Republik wurde das demokratische System benutzt, um eine totalitäre Herrschaft zu errichten.

Patrick Breitenbach: Und Herrschaft der Masse macht eine offene Gesellschaft auch nicht aus, denn es gibt gewisse Minderheiten, die in den Diskursen unterdrückt werden, und die sollte eine moderne Demokratie schützen. Also das Thema Menschenrechte wäre auch hier wie bei Kohlberg das oberste Gebot.

Popper müsste eigentlich unser System ganz gut gefunden haben.

Nils Köbel: Ja, das glaube ich auch. Popper hat nach dem Krieg, als er aus Neuseeland zurückkehrte, in England gelebt und war ein guter Kumpel von Altkanzler Helmut Schmidt. Er hat sich nach eigenen Aussagen in dieser englischen Demokratie sehr wohl gefühlt, gerade weil er am eigenen Leibe erfahren hat, wie es ist, in einer geschlossenen Gesellschaft zu leben. Popper hat immer betont, dass man die Freiheit oft für selbstverständlich hält, wenn man in einer offenen Gesellschaft aufwächst.

Patrick Breitenbach: Das weiß man oftmals gar nicht mehr zu schätzen.

Nils Köbel: Und das ist Popper zufolge eine Gefahr. Menschen, die die Freiheit nicht zu schätzen wissen, weil sie sie für selbstverständlich halten, können sich leicht für totalitäre Ideologien begeistern, weil sie sich nicht vorstellen können, welche furchtbaren Auswirkungen eine Diktatur welcher Art auch immer auf das alltägliche Leben hat. Wenn man ohne Grund auf offener Straße verhaftet wird. Oder Angst vor schlimmen Bestrafungen haben muss, nur weil man den Kurs einer Regierung kritisiert oder Ähnliches.

Patrick Breitenbach: Und ich glaube, die offene Gesellschaft ist nach hinten hin immer offen. Das heißt, auch wenn man sagt, man muss es zu schätzen wissen, ist sie nie wirklich perfekt und vollendet. Sie bleibt ständig in Bewegung.

Und deswegen lohnt es sich auch, daran tagtäglich zu arbeiten.

Nils Köbel: Absolut.

LAWRENCE KOHLBERG
PRÄKONVENTIONELL
KOHLBERG-MODELL
KONVENTIONELL
POSTKONVENTIONELL
DETLEF HORSTER
MORALFORSCHUNG
MORAL
LUTZ WINGERT
UNENTSCHEIDBAR
DILEMMA
EXPLIZIT
"DU SOLLST"
#6
DAS VERNÜ
DAS G
"ICH WILL"
IMPLIZIT
ETHIK
LEBBAR
UNFORMULIERBAR
ABWÄHLEN
POLITIK
REGIERUNGEN
POPPER
FALSIFIZIEREN
THESEN
#3
SAPERE
BUCHTIPP:
"Fraktale einer Ethik"
HEINZ VON FOERSTER
"Die offene Gesellschaft und ihre Feinde"

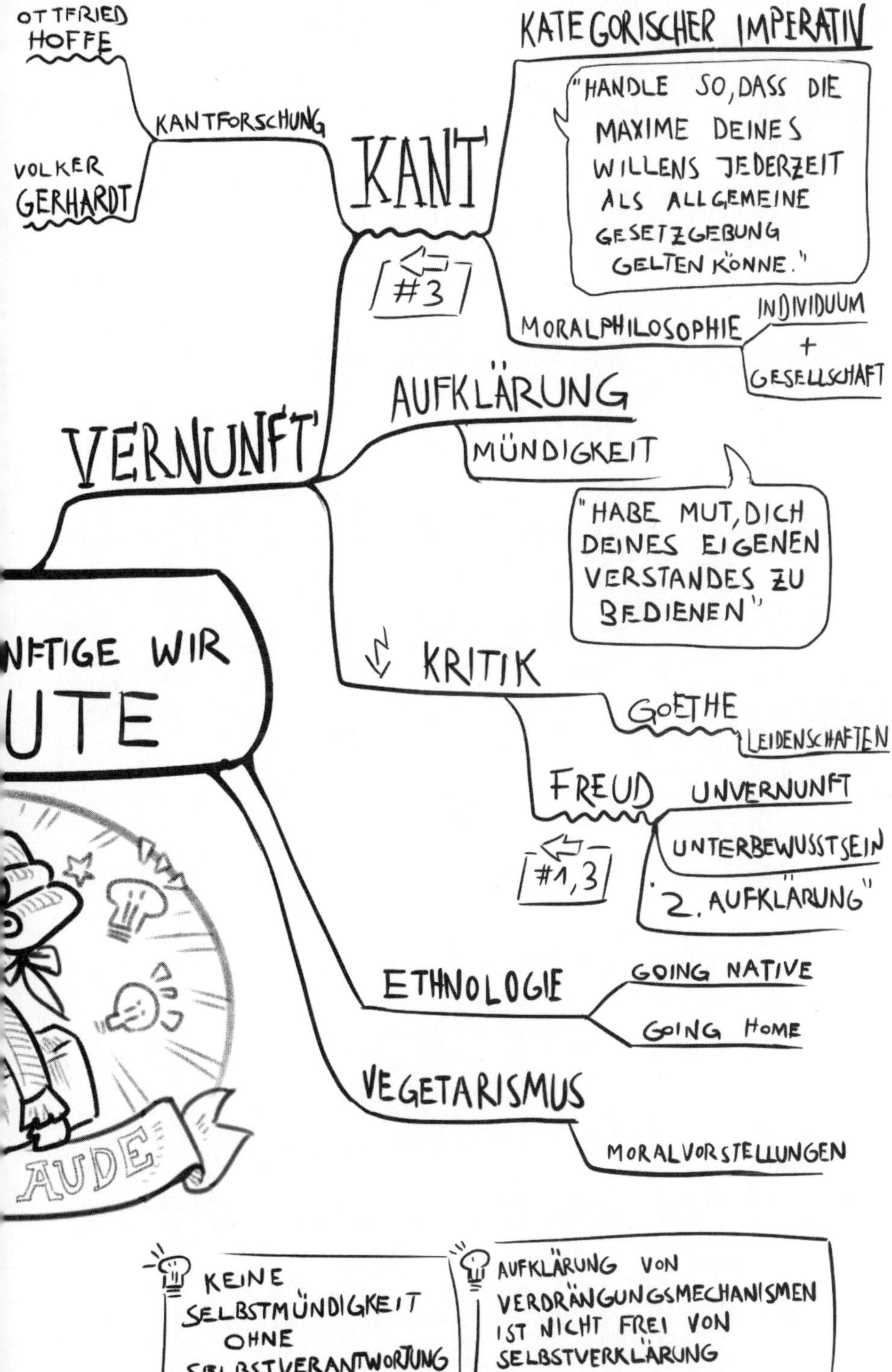
OTTFRIED HÖFFE
VOLKER GERHARDT
KANTFORSCHUNG
KANT
KATEGORISCHER IMPERATIV
"HANDLE SO, DASS DIE MAXIME DEINES WILLENS JEDERZEIT ALS ALLGEMEINE GESETZGEBUNG GELTEN KÖNNE."
#3
MORALPHILOSOPHIE
INDIVIDUUM + GESELLSCHAFT
VERNUNFT
AUFKLÄRUNG
MÜNDIGKEIT
"HABE MUT, DICH DEINES EIGENEN VERSTANDES ZU BEDIENEN"
NFTIGE WIR
UTE
KRITIK
GOETHE
LEIDENSCHAFTEN
FREUD
UNVERNUNFT
UNTERBEWUSSTSEIN
"2. AUFKLÄRUNG"
#1,3
ETHNOLOGIE
GOING NATIVE
GOING HOME
VEGETARISMUS
MORALVORSTELLUNGEN
AUDE
KEINE SELBSTMÜNDIGKEIT OHNE SELBSTVERANTWORTUNG
AUFKLÄRUNG VON VERDRÄNGUNGSMECHANISMEN IST NICHT FREI VON SELBSTVERKLÄRUNG

TEIL 3 | DAS ANDERE

KAPITEL 7 | DIE WELT

Ideologie, Kapitalismus, Atheismus

Patrick Breitenbach: Wir haben über politische Strukturen gesprochen, also in welchen Formen Menschen und Gesellschaften sich organisieren. Demokratie, Diktatur etc. Nun lass uns tiefer gehen. Jedem politischen System liegt ja mehr oder weniger auch eine bestimmte Weltanschauung, oftmals eine Ideologie, zugrunde. Was ist denn eigentlich eine Weltanschauung?

Nils Köbel: Eine Weltanschauung ist eine Gesamtdeutung der Wirklichkeit. Sie besteht aus umfassenden Antworten auf die Fragen nach dem Wesen der Welt und dem Sinn des Lebens. Diese Deutungen sind nicht einfach trockene Theorien, sondern beinhalten immer auch Bewertungen der Wirklichkeit: Ist die Welt gut und annehmbar, oder muss sie verbessert werden? Oder ist die Welt vielleicht von Grund auf schlecht und verloren? Grundhaltungen wie diese sagen weniger etwas über die Realität an sich aus, sondern vielmehr über die Art und Weise, wie Menschen über die Welt denken.

Der Begründer der Geisteswissenschaften Wilhelm Dilthey hat versucht, unterschiedliche Weltanschauungen zu ordnen. Zu diesem Zweck schlug er vor, die Geschichte der Philosophie mit einem Garten zu vergleichen, in dem unterschiedlichste Pflanzen wachsen. Die großen alten Philosophien der Antike verglich er mit riesigen Bäumen, die mitten in diesem Garten unverwüstlich stehen. Und ebenso gibt es neue Denkansätze, die als kleine, gerade heranwachsende Pflanzen ihren Platz im »Garten der Ideen« finden wollen. Ob sie größer werden und bestehen, wird sich zeigen.

Bei der Betrachtung des Gartens stellt Dilthey fest, dass es mitten in dem Gewirr drei große Bäume gibt, die gleich hoch sind und alle anderen Pflanzen überragen. Von ihnen nimmt er an, dass es sie immer geben wird. Diese drei Bäume bilden drei wesentliche Weltanschauungen, die das menschliche Denken ausgebildet hat.

WILHELM DILTHEY

1833–1911
Philosoph, Begründer der Geisteswissenschaften

»Was der Mensch sei, sagt ihm die Geschichte«

Die erste Weltanschauung nennt Dilthey den »Naturalismus«. Seine Grundthese ist, dass alles, was es in der Welt gibt, auf materieller Grundlage existiert: Das Leben beruht auf Stoffen, die miteinander Verbindungen eingehen, das Denken beruht auf neuronalen Abläufen im Gehirn usw. Der Naturalismus weigert sich anzunehmen, dass hinter oder unter der Materie etwas anderes steht, wie etwa ein Schöpfergott oder ein Weltgeist. Der Staub, aus dem wir sind, hat das letzte Wort, könnte man sagen.

Dem würde der zweite der großen drei Bäume gänzlich widersprechen, er steht nämlich für ein anderes, unwiderlegbares Prinzip des Denkens: die Freiheit! Menschen haben schon zu Beginn ihres kulturellen Daseins erfahren, dass sie eben nicht nur materiell bestimmt sind, sondern frei handeln können, ein Gewissen haben und in Verantwortung für sich und andere stehen. Der »Idealismus der Freiheit«, wie Dilthey ihn nennt, betont das Subjekt, das »denkende Ich«. Bedeutende historische Zeugen dieses Denkens sind Immanuel Kant, Johann Gottlieb Fichte oder Friedrich Schiller.

Den dritten großen Baum im Garten nennt Dilthey schließlich »objektiven Idealismus«. Er bezeichnet alle Konzepte, die nach einem Letztgültigen, Absoluten, Göttlichen fragen. Die Welt wird als Schöpfung oder geistige Alleinheit verstanden. Das Gründende von allem ist ein objektiver, göttlicher Sinn. Dieser Baum beinhaltet neben vielfältigsten theologischen Konzepten die Weltdeutungen klassischer Denker wie Hegel, Goethe und Hölderlin. Nach Dilthey bilden diese drei Weltanschauungen Grundformen des Denkens, die nebeneinanderstehen. Jeder dieser Riesenbäume bildet ein Kernkonzept menschlichen Denkens.

Patrick Breitenbach: Weltanschauungen können ja auch sehr schnell zu Ideologien werden. Was ich an ihnen so interessant finde, ist ihr unglaublicher Erfolg. Jede Menge Menschen scheinen dafür empfänglich zu sein und am Ende sogar zum Teil dazu bereit, dafür zu töten oder sich selbst zu opfern.

Nils Köbel: Auf jeden Fall. Ideologien bringen eine scheinbare Sicherheit und Stabilität, das reizt eigentlich alle Menschen.

Patrick Breitenbach: Warum eigentlich?

Nils Köbel: Ich glaube, das hängt wieder mit unserer Suche nach Identität zusammen. Wir wollen wissen, wer wir sind. Und Ideologien geben uns ein verführerisches Angebot, indem sie vorgaukeln, eine eindeutige Antwort auf diese Frage zu haben. Diese Antwort besteht häufig in einer abgeschlossenen Weltanschauung, in der es einfache Freund-Feind-Bestimmungen gibt, die die Welt wieder klein und übersichtlich werden lassen. Und das gibt Menschen das befriedigende Gefühl zu wissen, wer sie sind und welchen Platz sie in dieser Welt haben. So gesehen ist eine Ideologie eine Versuchung des Denkens. Vielleicht so etwas wie eine Droge. Ein Fliegenpilz im Garten der Ideen.

Patrick Breitenbach: Ich muss da an die Vertrauensformel von Niklas Luhmann denken, auch wenn er sie vermutlich ganz anders gemeint hat: Vertrauen reduziert Komplexität. Man könnte es nun ja so sehen: Ideologien geben einem Selbstvertrauen. Also ich fühle mich in einer Ideologie und in ihrer Gemeinschaft wohl, weil ich zugehörig bin. Das schafft Selbstvertrauen. Also das heißt, ich vereinfache mir dadurch vielleicht auch meine komplexen Lebenszusammenhänge. Ich habe einige ganz klare Regeln im Umgang mit dem Unbekannten und auch im Umgang mit den Herausforderungen und Gefahren, die mir begegnen. Ich weiß also ganz genau, was ich im Chaos und der Komplexität des Daseins zu tun habe. Und damit vereinfache ich mir natürlich das Leben, weil kritisches Denken und Hinterfragen sehr viel anstrengender ist und sich eigentlich aus dem Gegenteil von Vertrauen, dem Zweifel, speist.

Nils Köbel: Genau. Ideologien sind Abkürzungsstrategien, die damit locken, dass der manchmal mühsame Prozess der Selbstreflexion überflüssig wird.

Patrick Breitenbach: Da wäre also doch so etwas wie eine sinnhafte Funktion der Ideologie?

Nils Köbel: Auf Dauer nicht, da der Preis für die kurzfristige Entlastung zu hoch ist. Unter Ideologien leiden ja häufig andere Menschen, das kann man in der Geschichte deutlich sehen.

Patrick Breitenbach: Dann lass uns doch mal ein konkretes Beispiel herausgreifen. Beginnen wir mit einer ganz eindeutigen, fehlgeleiteten und mörderischen Ideologie: dem Nationalsozialismus.

Nils Köbel: Der Nationalsozialismus besteht aus unterschiedlichen weltanschaulichen Elementen, die radikal durchgefochten wurden. Als materialistische Weltdeutung fungierte ein biologistisch-rassistisches Menschenbild, das die Bevölkerung in hoch- und minderwertige Rassen einteilte. In letzter Konsequenz hat dies im »Dritten Reich« dazu geführt, dass Millionen von Menschen ermordet wurden, weil sie als rassisch minderwertig galten. Radikaler kann kein »Ismus« sein.

Patrick Breitenbach: Was man zumindest als Rasse bezeichnet hat.

Nils Köbel: Ja, was man damals Rasse genannt hat. Die verbrecherische Idee der Nazis war, die biologische Grundlage des Menschen zu »optimieren«, die menschliche Biomasse brutal zu formen.

Patrick Breitenbach: Und natürlich auch kulturell anzupassen.

Nils Köbel: Genau, es gab eine materialistisch-biologische und eine geistig-kulturelle Seite des Nationalsozialismus.

Patrick Breitenbach: Ich glaube, gerade diese Kombination hat den eigentlichen Wahnsinn des »Dritten Reichs« ausgemacht. Auf der einen Seite eine professionell organisierte und durch und durch inszenierte kulturelle Re-Programmierung durch Strafaktionen wie Bücherverbrennungen, Brandanschläge auf Synagogen, Propaganda und Belohnungsaktionen wie KDF-Reisen, Volksküchen, Arbeit, enteignete Besitztümer, Parteikarrieren. Auf der anderen Seite eine präzise, maschinelle und kaltblütige massenhafte Auslöschung von Menschenleben.

Diese Idee, dass man nicht nur den Körper kontrolliert und in

Gewalt bringt, sondern tatsächlich auch die Gedanken verändert und kontrolliert. Die genetische und kulturelle Kontrolle. Das macht das Nazideutschland für mich so unfassbar grauenvoll und lässt mich heute immer noch erschaudern.

Da haben Menschen Massenpsychologie nicht nur verstanden, sie haben sie auch gnadenlos im Auftrag ihrer kruden Ideologie in die Tat umgesetzt. Das ist schon eine bislang einzigartige Dynamik in der Geschichte der Menschheit.

Nils Köbel: Ja, das stimmt. Der Moralphilosoph Detlef Horster hat erkannt, dass die Ideologie der Nazis die Zehn Gebote der Bibel eigentlich umdrehen wollte. Die Gebote »Du sollst nicht töten, stehlen, lügen« etc. wurden radikal durchbrochen und ins Gegenteil verkehrt: »Minderwertige« Menschen wie Juden darf, ja soll man bestehlen, foltern und ermorden. Und den Nazis hat es nicht gereicht, dieses moralische Erbe der Zehn Gebote zu zerstören, sie wollten auch das Volk Israel auslöschen, das diese Moral in ihrer Heiligen Schrift aufgeschrieben hat.

Patrick Breitenbach: Eine weitere in dieser Zeit auftretende Ideologie war der Kommunismus. Auch dieser besaß im Kern ähnliche Züge, zumindest in Form des damals herrschenden Stalinismus.

Nils Köbel: Genau. Der Kommunismus versteht sich als Gegenpol zum Nationalsozialismus, nutzte in der politischen Praxis jedoch ähnliche Methoden.

Patrick Breitenbach: Was zeichnet Kommunismus denn aus?

Nils Köbel: Der Kommunismus setzt nicht auf biologistisch-rassistische Züchtung, sondern auf eine Umformung der Gesellschaftsverhältnisse. Kommunistische Ideologien behaupten, dass der Mensch in kapitalistischen Gesellschafts- und Wirtschaftsverhältnissen unter einem Bann steht, der es ihm unmöglich macht, seine Potenziale zu entfalten. Im Kapitalismus werden alle Menschen ausgebeutet, der unbarmherzige Kreislauf von Arbeit und Konsum liegt wie eine schwere Decke auf der ganzen Welt. Wenn es jedoch nach einer alles verändernden Revolution der ausgebeuteten Arbeiter zu einer perfekten Gesellschaft kommt, in der es keinen Kapitalismus mehr gibt, kann der Mensch endlich in Gleichheit und Frieden leben.

Das Problem an dieser Ideologie war jedoch, dass die Staaten, die einen solchen Kommunismus verwirklichen wollten, selbst zu totalitären Mitteln gegriffen haben: Mit dem Verweis auf eine Zukunft, in der es irgendwann zum Kommunismus kommen würde, wurden diejenigen, die an der kommunistischen Ideologie zweifelten und Kritik übten, verfolgt und angeklagt. Für eine Idee, von der niemand wusste, ob sie jemals Realität werden würde, wurden ganze Gesellschaften unterdrückt.

Patrick Breitenbach: Jetzt gibt es ja heute auch die ein oder andere These, die besagt, dass das derzeitig vorherrschende Wirtschaftssystem, der Kapitalismus, auch sehr ideologisch geprägt ist. Wie würdest du das selbst bewerten? Vielleicht muss man einfach auch mal anfangen zu fragen, was ist Kapitalismus eigentlich und die Idee dahinter?

Nils Köbel: Der Kapitalismus ist eine Wirtschaftskonzeption, die wie alle anderen gesellschaftlichen Konstruktionen ideologischen Charakter annehmen kann. Die berühmte Kritische Theorie der Frankfurter Schule hat dies so gesehen. Deren Begründer Theodor W. Adorno und Max Horkheimer sahen die radikale Form des Kapitalismus, bei dem es nur noch um Gewinnmaximierung geht, als eine Bedrohung für Gesellschaft und Kultur an.

THEODOR W. ADORNO

1903–1969
Philosoph, Mitbegründer der »Frankfurter Schule«

»Es gibt kein richtiges Leben im Falschen«

Vor allem Adorno betonte, dass diejenigen menschlichen Vollzüge, die eigentlich für Freiheit und Selbstbestimmung stehen – Kunst, Musik, Literatur –, zunehmend in die Logik des Profits hineingenommen werden und dadurch verarmen. Er nannte dieses Phänomen »Kulturindustrie«: Es geht bei Musik und Kunst nur noch um die Frage, womit sich am meisten Geld verdienen lässt. Die heutige Musikindustrie hat sich in weiten Teilen tatsächlich genauso entwickelt; Stars werden aufgebaut, ausgebeutet und fallen gelassen, wenn sie kein Geld mehr einbringen.

Die interessante Frage ist jetzt natürlich, wie der Kapitalismus eigentlich entstanden ist. Der berühmteste Forscher, der diese Frage historisch beantworten wollte, ist der Soziologe Max Weber. Er hat Anfang des 20. Jahrhunderts ein sehr wichtiges Buch geschrieben mit dem Titel »Die protestantische Ethik und der Geist des Kapitalismus«. In diesem Buch zeigt er, dass der Kapitalismus aus bestimmten religiösen Weltanschauungen heraus entstanden ist.

Im Zuge der Reformation des 16. Jahrhunderts, in der Martin Luther die katholische Kirchenpraxis massiv kritisierte, entstanden unterschiedliche protestantische Strömungen. Eine der einflussreichsten war der sogenannte Calvinismus, benannt nach dem Theologen Johannes Calvin. Er stellte die Lehre auf, dass der Mensch nicht durch gute Taten in den Himmel kommt, sondern dass Gott die Menschheit von vornherein in Auserwählte und Nicht-Auserwählte eingeteilt hat.

Patrick Breitenbach: Also ist alles im Grunde genommen schon vorprogrammiert, und der liebe Gott hat das vor meiner Ankunft hier entschieden.

Nils Köbel: Ja genau, das ist wie ein göttliches Schicksal, dem man nicht entkommen kann. Diese religiöse Vorbestimmung nennt man auch Prädestinationslehre. Es gibt jedoch einen fiesen Kniff bei Calvins Lehre: Er meinte, dass man die Auserwählten bereits hier auf Erden erkennen kann, und zwar durch den Erfolg, den sie im Leben haben. Ein erfolgreicher Geschäftsmann, der viel Reichtum anhäufen kann, zeigt sich und den anderen, dass er zu der Gruppe der Erlesenen gehört. Natürlich wollte in dieser Zeit jeder Mitglied der Auserwähltengruppe sein, und so entstand sehr bald eine gesellschaftliche Ethik, die sich durch Fleiß, Askese und Profitmaximierung auszeichnete.

MAX WEBER

1864–1920
Soziologe, Religionsforscher

»Mit Glaubenskämpfern lässt sich nicht reden«

Patrick Breitenbach: Das ist natürlich ein herber Rückschlag, was das Thema Bewusstsein angeht. Denn damit gebe ich ja komplett die Verantwortung an den lieben Gott oder wen auch immer ab.

Nils Köbel: Genau. Der Calvinismus setzt seine religiöse Lehre absolut. Deshalb dürfen die gesellschaftlich Erfolgreichen auch auf keinen Fall mit ihrem Reichtum protzen, weil das hochmütig und stolz wäre.

Patrick Breitenbach: Diese Koppelung von materialistischem Reichtum mit spiritueller Besonderheit oder gar Auserwähltheit ist schon sehr faszinierend.

Nils Köbel: Ich finde diese Verknüpfung auch sehr kurios.

Patrick Breitenbach: Was ich ebenfalls interessant finde, ist, dass man diesen Reichtum nicht zeigen durfte. Woraus resultiert das?

Nils Köbel: Es musste so aussehen, als sei der Erfolg einem asketischen, demütigen und frommen Mann zugefallen. Der Reichtum musste in Einklang stehen mit den christlichen Tugenden der Mäßigung und Besonnenheit, das war ganz wichtig.

Patrick Breitenbach: Also am Ende war aber schon entscheidend, was ich selbst auf meinem Bankkonto angesammelt habe. Man könnte ja auch nach der christlichen Lehre ganz anders argumentieren und sagen: Ich verdiene ganz viel und teile aber meinen Überfluss mit den Ärmeren in der Bevölkerung, oder?

Nils Köbel: Aber das darf ich nicht. Weil das ja bedeuten würde, dass ich gegen die göttliche Ordnung verstoße.

Patrick Breitenbach: Aha. Weil sozusagen die Armen von Gott bewusst bestraft und stigmatisiert wurden.

Nils Köbel: So ist es. Und ich habe ja kein Recht …

Patrick Breitenbach: … mich in Gottes Werk einzumischen.

Nils Köbel: Genau so wurde gedacht. Es ging darum, Erfolg zu haben, ohne eitel zu protzen. Menschen haben sich teilweise teure Sachen gekauft, diese aber in ihren Truhen und Schränken versteckt, damit sie keiner zu sehen bekam. Der Reichtum war nur für Gottes Ehre gedacht, um das Auserwähltsein zu zelebrieren und zu lobpreisen. Diese religiösen Grundlagen der Askese und des Fleißes führten Max Weber zufolge zu einem unglaublichen Arbeits- und Leistungsdrang. Also ganz viel Fleiß, Tüchtigkeit, Arbeiten, Anhäufung von materiellem Reichtum bei gleichzeitiger Bescheidenheit und Selbstbescheidung.

Patrick Breitenbach: Aus heutiger Sicht völlig bizarr und unlogisch, weil wenn es ja sowieso vorbestimmt ist, müsste ich mich ja eigentlich auch gar nicht anstrengen.

Nils Köbel: Ja, genau.

Patrick Breitenbach: Also man bescheißt sich so ein bisschen selbst dabei?

Nils Köbel: Ja, mich erinnert das immer an einen Zauberer, der das Kaninchen aus dem Hut zieht, das er vorher hineingesteckt hat. Ich arbeite hart an meinem Erfolg, um später sagen zu können, dass alles vorherbestimmt war. Kaum zu glauben, aber diese religiöse Lehre hat zur Zeit der Reformation und darüber hinaus die Menschen in Europa und Nordamerika sehr geprägt.

Patrick Breitenbach: Das heißt, das ist ja eigentlich ein klassisches Narrativ. Also eine Erzählung.

Nils Köbel: Ja, mit Dilthey gesprochen ist das ein objektiv-idealistisches Narrativ. Die Welt und der Platz der Menschen darin wird durch einen göttlichen Ratschluss bestimmt, der ganz jenseits menschlichen Wollens und Handelns liegt.

Patrick Breitenbach: Eine weitere Erzählung, die sich unter Umständen sogar bis in unsere Zeit in leicht abgewandelter Form fortgesetzt hat. Vielleicht findet sie sich heute in einer Struktur wie den Konzernen. Die haben ja gar keinen einzelnen Inhaber mehr, sondern bestehen aus ganz vielen mehr oder weniger anonymen Aktionären. Ein Konglomerat aus Kapital. Da hat sich das fast vollständig vom Menschlichen entkoppelt. Das Prinzip der sogenannten »Shareholder Value«: Ein Unternehmen besteht nicht mehr aus einem greifbaren Wert, also den Maschinen, aber auch den Menschen, die da arbeiten, sondern orientiert sich rein an dessen Transaktionswert an den Börsen. Je mehr Kapital es anhäufen kann, desto wertvoller wird es für den Aktionär, der wiederum ein Interesse hat, sein Kapital zu vermehren.

Nils Köbel: Die Logik der Sparsamkeit und des Fleißes hat sich im Laufe der Geschichte von ihren religiösen Grundlagen gelöst und ein Eigenleben entwickelt. Die objektiv-idealistische Ethik des Calvinismus hat sich zur naturalistischen Ethik des Kapitalismus weiterentwickelt. Mit Karl Popper könnte man ergänzen: Der unbedingte Wunsch nach Reichtum und Erfolg hat sich bewährt, da er tatsächlich zu einem ungeheuren Wachstum führte. Max Weber hat das sehr schön formuliert: Die protestantische Ethik hat den Kapitalismus auf den Sattel gehoben, und von da an ging der Ritt unaufhaltsam weiter. Bis heute, kann man sagen.

Patrick Breitenbach: Zumal man ja dazu sagen muss, es gibt nicht DEN Kapitalismus, sondern es gibt ja ganz verschiedene Ausprägungen, Strömungen und vor allem Interpretationen. Da gibt es sozusagen Narrative innerhalb des Narrativs. Also beispielsweise den Neoliberalismus, der ja auch wiederum interessante religiöse Bezüge besitzt. Als Vater dieser Strömung gilt Adam Smith und sein Werk »Vom Reichtum der Nationen«. Der an einer einzigen Stelle seines Buches von der freien Hand des Marktes sprach, und diese freie Hand hatte wiederum etwas Göttliches an sich. Also mit der Denkweise, die dann gerne von den Neoliberalen ins Feld geführt wird, dass, wenn wir alle Regeln und Beschränkungen weglassen, es sich schon von alleine regeln wird. Man könnte auch sagen: Der liebe Gott wird das schon irgendwie richten.

Nils Köbel: Wobei radikale Liberale nicht mehr religiös argumentieren, sondern ganz die innere Dynamik des freien Marktes betonen.

Patrick Breitenbach: Aber da steckt ja dieses Religiöse schon noch mit drin. Dieses Vertrauen auf eine unsichtbare, selbstregulierende Kraft, und ich selber muss dafür vielleicht gar nichts tun.

Nils Köbel: Ja stimmt, okay.

Patrick Breitenbach: Der Markt reguliert da. Der Markt. Wer ist denn der Markt? Das klingt nach einem abstrakten Etwas, das nichts mehr mit einem selbst zu tun haben muss. Auch hört man immer von den »Gesetzen der Märkte« und dass man »den Markt beruhigen« muss, ihm also vielleicht ein Opfer darbringen sollte. Was man de facto ja auch tut. Für mich klingt das schon noch sehr religiös.

Ich empfehle da übrigens die Lektüre von »Die Ökonomie von Gut und Böse« von Tomáš Sedláček, einem Ökonomen aus Tschechien, der diese religiösen Bezüge ganz wunderbar beschreibt. Und nun gibt es ja einen ganz wichtigen Protagonisten in der Geschichte, der eigentlich erst einmal dafür gesorgt hat, dieses System des Kapitalismus nicht nur genau zu beschreiben, sondern es auch vehement zu kritisieren oder gar dazu aufrief, es zu bekämpfen: Karl Marx.

Nils Köbel: Karl Marx ist neben Friedrich Engels der wichtigste Begründer der kommunistischen Idee, über die wir schon kurz gesprochen haben. Er hat im 19. Jahrhundert gelebt und musste radikale Ausprägungen des Kapitalismus mitansehen, die damals zu großer Armut und Verelendung in der Arbeiterschicht geführt haben.

Marx hat die These aufgestellt, dass die Ursachen dieser Armut im kapitalistischen Wirtschaftssystem selbst liegen. Das Produktionssystem macht die Arbeiter kaputt, beutet sie gnadenlos aus. Und mehr noch: Die Art und Weise, wie wir Arbeit verteilen und organisieren, ist das Hauptproblem des Menschen, sie ist die Quelle unserer mal mehr, mal weniger spürbaren Unzufriedenheit mit uns und der Welt.

Deshalb hat er sich ganz darauf konzentriert, die Wirtschaftssysteme zu analysieren, die im Laufe der Kulturgeschichte entstanden sind. Dabei entdeckte er eine immer wiederkehrende Struktur: »Die Geschichte aller bisherigen Gesellschaft ist die

Geschichte von Klassenkämpfen.« Es geht immer wieder darum, dass eine Bevölkerungsgruppe herrscht und die andere unterdrückt. Dieses Spiel wiederholt sich Marx zufolge seit Jahrtausenden.

Bereits im antiken Griechenland kann man es sehen: Es gibt die Bürger Athens, kultiviert, demokratisch, gebildet und gut versorgt. Aber wer bestellt eigentlich im Hintergrund die Felder, hütet die Tiere, kurzum: macht die Drecksarbeit? Die Bürger Athens? Denkste! Die feinen Herren hielten sich Sklaven, die wie Tiere behandelt und als ausgebeutete Klasse unterdrückt wurden.

Und es geht weiter: Im Feudalsystem des Mittelalters genossen die Adligen das Leben, während die Leibeigenen für sie arbeiteten und nichts als Plackerei und Armut kannten. Und in der Neuzeit, in der der Protestantismus – wie wir bei Max Weber gesehen haben – den Kapitalismus ins Rollen brachte, spitzt sich die Zweiteilung erneut zu: Es gibt die Arbeitgeber, Marx nennt sie die Kapitalisten, und die Arbeiter, die Proletarier. Die Kapitalisten besitzen die Fabriken, die Maschinen und haben die nötigen Wirtschaftsbeziehungen. Die Proletarier haben nichts als ihre Arbeitskraft, die sie als Ware dem Fabrikbesitzer anbieten müssen, um dafür Lohn zu erhalten.

Marx sagt nun, dass dieses unsägliche Spiel auf einen großen Crash hinausläuft: Da die Arbeiter ebenso wenig wie die Sklaven und die Leibeigenen vor ihnen fair behandelt und bezahlt werden, verarmen und verelenden sie immer mehr, bis sie nichts mehr haben als ihre Wut auf die Kapitalisten. Dann kommt es Marx zufolge zum Unausweichlichen: Revolution!

Die Proletarier stürmen die Fabriken, übernehmen die Kontrolle und setzen der Ausbeutung ein Ende. Nach Marx ist dies die Chance, endlich die Welt von Grund auf anders zu gestalten. Nicht mehr Profitgier und Ausbeutung prägen fortan die Gesellschaft. Allen gehört alles, und Güter werden nach Bedürfnissen verteilt. Da die Grundstruktur des Klassenkampfes damit überwunden ist, wird der Mensch endlich frei, glücklich und selbstbestimmt leben. Diesen sozialen Zustand nennt Marx Kommunismus. Muss gerade mal Luft holen …

Patrick Breitenbach: Jetzt ist es ja ganz wichtig, Karl Marx in einem entsprechenden historischen Kontext zu verorten. Das heißt, Marx heute zu deuten dürfte Parallelen aufweisen, sich aber auch angesichts der historischen Entwicklung ganz anders darstellen. Also nach Marx bekam der Kommunismus als Gegenbewegung zum Kapitalismus tatsächlich sehr starken Auftrieb. Es hat ja in einigen Ländern tatsächlich diese Revolutionsprozesse gegeben. In Russland beispielsweise. Lenin kam, mit ihm die Revolution und Enteignungen der Betriebe. Und der Staat, als Vertreter der Arbeiter- und Bauernschicht, wurde die oberste Kontrollinstanz für: alles.

So weit war das sicherlich auch eine Entwicklung, die Marx sich so vorgestellt hat. Aber dann ist die Sache ja irgendwann extrem gekippt, spätestens mit Stalin, weil dort eine Idee zur tödlichen Ideologie wurde. Mit ihm entstand eine neue furchtbare und grausame totalitäre Herrschaftsklasse. Es ging dann nicht mehr um Arbeiter gegen Kapitalisten, sondern um Stalin gegen das Volk. Hat Marx das eigentlich durchschaut? Er war ja nicht nur Philosoph, sondern auch Aktivist und Revolutionär, aber konnte er die eigentliche Struktur von Herrschaft und Macht nicht erkennen oder davor gewarnt sein, dass es so umkippt?

Nils Köbel: Ja, das kann man sagen. Marx hat einen berühmten Satz formuliert: »Die Philosophen haben die Welt nur verschieden interpretiert, es kommt darauf an, sie zu verändern.« Marx hat ganz darauf gesetzt, dass die Philosophie aktiv werden muss. Sie darf nicht bei der Analyse stehen bleiben, sondern muss die erkannten Gesetze für die Verbesserung der Welt nutzen. Marx ist vor diesem Hintergrund eine schillernde Figur. Einerseits war er ein brillanter Soziologe, der Macht- und Herrschaftsstrukturen erkannte, andererseits war er auch ein Politiker, der gesellschaftliche Veränderungen aktiv einforderte. Vielleicht hat ihn dieser politische Gestaltungswille etwas blind gemacht für die Gefahr, dass nach der Arbeiterrevolution wieder eine Diktatur entsteht, was dann leider geschehen ist.

Patrick Breitenbach: Ist der Marxismus damit ein eigener Baum im philosophischen Garten geworden, den du vorhin beschrieben hast?

Nils Köbel: Ja, der Marxismus ist eine eigene Pflanze geworden, die eine materialistische Weltanschauung hat. Ein Baum, der aus den Wurzeln des großen Naturalismusbaumes entstanden ist, könnte man sagen. Marx betont ja, dass das Sein das Bewusstsein bestimmt. Daher nennt man seine Geschichtsphilosophie auch »historischen Materialismus«.

Patrick Breitenbach: Vor allen Dingen ist Marx ja in die Gedankenwelten später folgender großer Soziologen und Philosophen mit eingeflossen. Ich denke da an Foucault, der sich aber irgendwann vom Marxismus in seiner Ismusform distanziert hat und später auch etwas ganz Neues, Eigenes entwickeln wollte.

Michel Foucault hat sich ja sehr viel mit den Strukturen von Macht und Herrschaft beschäftigt. Er selbst verwendet den Begriff »Machtbeziehungen«. Und da ist natürlich zu Anfang sehr viel Marx mit reingeflossen. Weil Marx diese Machtstrukturen bereits angedeutet hatte, er sie aber eher zugunsten des Proletariats, der Unterdrückten umstülpen wollte. An dem Punkt ist Foucault dann auch ausgestiegen, ihm ging es eher um die Struktur der Machtbeziehungen an sich. Er versuchte, Machtbeziehungen abstrakter, umfassender und wertfreier zu analysieren und daraus keinerlei Ableitungen für Politik und Gesellschaft zu formulieren.

Eine weitere große Strömung, die vom Marxismus geprägt

war, ist die Frankfurter Schule mit Adorno und Horkheimer. Vielleicht kannst du zu denen noch etwas mehr sagen, also wie genau die mit Marx umgegangen sind.

Nils Köbel: Die Frankfurter Schule bezeichnet eine philosophische Tradition – eine Pflanze im Garten, um wieder mit Dilthey zu sprechen –, die auf die Philosophen Theodor W. Adorno und Max Horkheimer zurückgeht. Sie waren die einflussreichsten Leiter des 1923 gegründeten Instituts für Sozialforschung in Frankfurt am Main.

Horkheimer und Adorno waren zunächst fasziniert von der marxschen Idee einer klassenlosen Gesellschaft. Sie mussten jedoch feststellen, dass in Deutschland die Weltwirtschaftskrise, die mit dem Börsencrash 1929 in Amerika begann, nicht zu einer kommunistischen Revolution führte, sondern vielmehr der nationalsozialistischen Ideologie in die Hände spielte. Die Menschen wählten in den Dreißigerjahren nicht links, sondern rechtsradikal. Die Frage, warum dies so war, trieb die beiden Philosophen um, denn sie erkannten, dass der Mensch offenbar nicht immer politisch rational handelt, sondern von ganz anderen, unvernünftigen Motiven beeinflusst wird. Daher wendeten sie sich an den Spezialisten für das Unbewusste, an Sigmund Freud.

In dessen Schriften erkannte vor allem Adorno ein großes Potenzial für die Weiterführung der marxschen Theorie. Er verband den historischen Materialismus mit der Psychoanalyse zur sogenannten Kritischen Theorie und untersuchte mit diesem neuen Werkzeugkasten die Strukturen von Gesellschaften. Er erkannte mit Marx die nach wie vor bestehende Verblödung von Menschen durch stumpfsinnige Arbeit und mit Freud die Gründe für Machtgier in Erziehungs- und Sozialisationsprozessen. Die Kritische Theorie lenkte den Blick somit nicht nur auf Arbeit und Produktion, sondern schaute sich an, wie Kinder in Familien aufwachsen. Adornos Haupterkenntnis: Gewalt und Unterdrückung machen Kinder autoritätshörig und skrupellos. Und das verhindert die Entstehung einer gerechteren Gesellschaft.

Die Kritische Theorie der Frankfurter Schule hatte eine große Wirkung auf andere Philosophen. Gerade in Frankreich versuchten Autoren wie Michel Foucault in einer ganz ähnlichen Weise wie Horkheimer und Adorno, Machtdiskurse aufzudecken und zu analysieren.

Patrick Breitenbach: Du verwendest den Begriff »Diskurs«. Vielleicht sollten wir den tatsächlich auch noch einmal erklären.

Nils Köbel: Foucault bezeichnet mit seinem Begriff des Diskurses Machtströmungen in Kulturen und Gesellschaften. Diskurse sind unhinterfragte Annahmen und Meinungen, die in einer Gesellschaft kursieren, z. B.: Frauen sollen zu Hause bleiben, wenn das Baby da ist, das ist das Beste für das Kind. Jeder ist seines Glückes Schmied, deshalb ist man selbst dran schuld, wenn man beruflich scheitert. Oder: Einwanderung gefährdet die Leitkultur einer Gesellschaft.

Foucault sagt, dass diese »Weisheiten« eigentlich nur Meinungen sind, hinter denen immer Machtinteressen stehen: Männer haben Angst, ihre Stellung als »starkes Geschlecht« zu verlieren, Konzerne möchten mehr Arbeitskraft für weniger Geld, um ein besseres Standing im Wettbewerb zu erhalten, Politiker wollen wiedergewählt werden und bauen dafür Feindbilder auf usw.

Patrick Breitenbach: Wenn man es historisch betrachtet, könnte man sagen, dass das Mittelalter von theologischen Diskursen geprägt war. Da war alles sehr auf Gott und Kirche ausgerichtet. Die Aufklärung wiederum war eher vom rational-wissenschaftlichen Diskurs bestimmt. Und heute haben wir halt zahlreiche Diskurse in verschiedenen Mischformen, die zum Teil gegeneinander antreten oder koexistieren.

Nils Köbel: So könnte man das sagen.

Patrick Breitenbach: Also ist Diskurs eigentlich die Gesamtheit aller Sozialisationsfaktoren?

Nils Köbel: Ein Diskurs ist so eine Art Grundströmung. Also wie ein …

Patrick Breitenbach: … Schwarm?

Nils Köbel: Ja. Ein Schwarm, in dem man als Fisch mitschwimmt. Verliert der Hering seinen Schwarm, ist er desorientiert und hilflos. Deshalb ist es auch so schwer, sich einem Diskurs zu widersetzen. Wer will schon ein verirrter Hering sein.

Patrick Breitenbach: Und um jetzt noch einmal zurückzukommen zur Frankfurter Schule, weil du gesagt hast, die haben sich gefragt, woran das liegt. Haben sie denn eine Antwort gefunden?

Nils Köbel: Adorno wurde am Ende seines wissenschaftlichen Wirkens eher pessimistisch und sah nur noch in der Kunst eine Möglichkeit für den Menschen, Freiheit zu erfahren. Jedoch hat er mit dem Institut für Sozialforschung einen Ort geschaffen, an dem großartige humanistische Denker wie Erich Fromm oder Herbert Marcuse arbeiten konnten.

Sie versuchten noch stärker als Adorno und Horkheimer, die psychischen Gründe für Autoritätshörigkeit herauszuarbeiten. Vor allem geißelten sie die auch nach dem Zweiten Weltkrieg noch weitverbreitete harte Erziehung in Familien, in denen Kinder viel Unterdrückung und Gewalt erfuhren.

Patrick Breitenbach: Kränkungen?

Nils Köbel: Sehr viele Kränkungen und viel Zurückweisung. Erich Fromm sah in diesen überharten, autoritären Erziehungsmethoden die wesentlichen Gründe dafür, dass Menschen aggressiv und autoritär werden. Philosophen wie Fromm und Marcuse haben dann die 68er-Bewegungen stark beeinflusst, die eine demokratischere Gesellschaft forderten. Insofern haben die Antworten dieser Vertreter der Frankfurter Schule viel bewegt.

Patrick Breitenbach: An dem Punkt würde ich gerne noch mal unseren Bildungsbegriff aufgreifen, weil der im Zusammenhang mit Diskursen eigentlich wunderbar anwendbar ist. Und zwar: Könnte man sagen, dass Bildung ein Werkzeug ist, um Diskurse kritisch zu hinterfragen? Sie aufzubrechen? Die Fähigkeit, »Nein« zu vorhandenen Diskursen zu sagen und als Hering im Schwarm dann doch mal gegen den Strom zu schwimmen?

Und Bildung kann auch aus einer Kränkung heraus stattfinden, also wenn gewollte Sozialisierung schiefläuft. Wäre dann Psychotherapie als mögliches Instrument zur Bearbeitung einer Sozialisierungskränkung nicht auch eine Art Bildungsprozess?

Nils Köbel: Peter Bieri sagt, dass eine gute Psychotherapie immer auch gleichzeitig ein Bildungsprozess ist.

Patrick Breitenbach: Ja, definitiv. Weil ich sozusagen meine Kränkung kritisch hinterfrage. Sie vielleicht auch noch einmal aus einer anderen Perspektive anschaue. Und dadurch diese Kränkung vielleicht überwinden kann. Indem ich mir eben einen emotionalen Abstand zu dieser Kränkung verschaffe und erst dann mit einer Befreiung in den nächsten Schritt des Bildungsprozesses gehen kann. Weil ich dann vielleicht erst den Kopf frei kriege und die Dinge eben nicht ständig durch einen Filter der Kränkung sehen muss, sondern so offen wie möglich auf sie zugehen kann.

So können junge Menschen, die darunter leiden, dass sie dem

aktuellen Schönheitsideal der Gesellschaft nicht entsprechen, durch einen Bildungsprozess das Schönheitsideal selbst kritisieren und damit sich selbst wieder bejahen.

Nils Köbel: Ja, das glaube ich auch.

Patrick Breitenbach: Und Bildung braucht immer auch ein grundsolides Maß an Sicherheit, oder?

Nils Köbel: An Sicherheit und Selbstbewusstsein.

Patrick Breitenbach: Das sind, glaube ich, ganz entscheidende Faktoren. In Gebieten, in denen Chaos und willkürliche Gewalt herrschen, in denen diese Grundsicherheit fehlt, können keine Bildungsprozesse stattfinden. Wir fordern zwar immer, die Leute müssen sich halt mehr bilden, aber im Grunde genommen bedarf es zunächst einmal einer Stabilität und Sicherheit. Die Leute dürfen keine existenzielle Angst verspüren, denn die würde Bildung hemmen oder gar verhindern.

Nils Köbel: Ja, Bildung ist ein höherer Prozess, der Ruhe und ein sicheres Lebensumfeld braucht. Erich Fromm hat eine interessante psychoanalytische Verknüpfung von Bindung und Bildung vorgenommen: Eine sichere Bindung im Kindesalter zu den Eltern, zu den Bezugspersonen, ist eine gute Basis dafür, später auch Bildungsprozesse erfahren zu können. Auch Adorno hat dies zu Beginn seines wissenschaftlichen Wirkens so gesehen, hat aber im Alter leider einen rabenschwarzen Pessimismus entwickelt.

Patrick Breitenbach: Ich habe ja so einen Verdacht für seinen schwarzen Pessimismus.

Nils Köbel: Ja, welchen Verdacht denn?

Patrick Breitenbach: Adorno war ja auch zum Teil eine unfreiwillige Ikone der 68er-Protestbewegung. Die hatte ja eigentlich das Ziel, sich von diesem alten autoritären System zu befreien. Den Muff unter den Talaren abziehen zu lassen. Aber irgendwann sind große Teile selbst in diese Autoritätsfalle getappt. Die Radikalisierung der Bewegung. Man denke nur an die RAF, die als terroristische Strömung aus dieser Bewegung entstand. Überhaupt war an den Unis damals sehr viel Unruhe und Tumult, und es gab ja auch Zwischenfälle in Adornos Vorlesungen, die ihm nicht so behagt haben.

Nils Köbel: Ja, da gibt es eine legendäre Szene, die immer wieder erzählt wird. Zu Beginn einer Vorlesung von Adorno kommen drei Studentinnen im Hörsaal auf ihn zu und öffnen ihre Jacken. Sie tragen darunter: nichts! Adorno rennt aus dem Hörsaal hinaus, seine Aktentasche schützend vor das Gesicht haltend. Diese Radikalität hat ihn geschockt.

Patrick Breitenbach: Also die Vorlesungen von Adorno waren ja plötzlich rappelvoll. Weil die Leute ein entstandenes Vakuum füllen wollten.

Nils Köbel: Ja, und sie wollten wissen, wie Adorno Marx interpretierte und welche gesellschaftlichen Utopien er hatte. Diese neuen Ideen bewirkten eine unglaubliche Aufbruchsstimmung damals, die sich verband mit der Forderung nach einer Aufarbeitung der NS-Vergangenheit. Diese Generation wollte wissen, warum es zum Nationalsozialismus gekommen ist und was die eigene Elterngeneration damit zu tun hatte. Adorno hat das alles zu Beginn noch sehr begrüßt, jedoch sah er, dass aus dieser Bewegung heraus Produkte entstanden sind – Lieder, Kunstwerke, Bücher –, die sofort wieder kapitalistisch verwertet wurden.

Es gab diese grandiosen, berühmten Protestlieder zu der damaligen Zeit. Und direkt kamen die Konzerne, die Plattenverträge aufsetzten und die Musik vermarkten wollten. Adorno muss dieser Geruch des Geldes und des Marktes, der diesen Musikprodukten dann anhaftete, angewidert haben. Und ich glaube, die Erfahrung, dass das kapitalistische System und das damit verbundene strategische Denken so flexibel, so anpassungsfähig ist, hat Adorno zunehmend skeptisch werden lassen.

Patrick Breitenbach: Kann man ja aus diesem Kontext heraus durchaus nachvollziehen.

Nils Köbel: Ja, wobei man schon sehen muss, dass die 68er-Bewegung sehr viel verändert hat. Viele Emanzipationsbewegungen wären ohne die Anstöße dieser Zeit nicht denkbar gewesen, wie etwa der Feminismus oder der verstärkte Kampf gegen die Diskriminierung von Schwarzen in den USA.

Patrick Breitenbach: Wo ist die Strömung der Frankfurter Schule dann hingelaufen? Was ist davon heute noch übrig?

Nils Köbel: Also es gab eine wichtige Neuerung, die mit einem Schüler Adornos einsetzte. Dieser Klassenprimus war der bereits erwähnte Jürgen Habermas.

Patrick Breitenbach: Du weißt, er lebt noch.

Nils Köbel: Ich bin ihm sogar einmal begegnet, als er einen Vortrag an der Uni Frankfurt vor ein paar Jahren hielt. Peinliche Situation damals: Ich brachte ein Buch von ihm zum Vortrag mit und bat ihn nach der Veranstaltung, es zu signieren und »Für Nils Köbel« mit draufzuschreiben. Er schaute mich genervt an und schrieb nur seinen eigenen Namen kommentarlos in das Buch. Seitdem hab ich nie mehr ein Buch von irgendjemandem signieren lassen.

Wie dem auch sei, Habermas hat die Kritische Theorie der Frankfurter Schule »entrümpelt«, könnte man sagen. Er forderte, dass die Frankfurter Schule sich ein gutes Stück vom Marxismus verabschiedet, da sich dieses Theorieprogramm einfach nicht so bewährte, wie man es in den Sechzigerjahren noch dachte. Stattdessen hat er die amerikanische Philosophie des Interaktionismus entdeckt, hierbei vor allem die Arbeiten von George Herbert Mead. Mead interessierte sich für die Art und Weise, wie Menschen miteinander kommunizieren und wie sich unsere Persönlichkeit in Begegnungen, Gesprächen und Beziehungen bildet und verändert. Also weniger makrostrukturelle Gesellschaftsanalyse à la Marx und mehr pragmatische Interaktionsanalyse.

Habermas hat deshalb auch nicht mehr auf irgendwelche Revolutionen gesetzt, sondern auf Freiräume, die wir uns schaufeln können in Freundschaften, in Familien, in denen nicht der materielle Gewinn, sondern der Mensch an sich im Vordergrund steht. Habermas forderte, dass wir gemeinsam »Naturschutzzonen« für diese besonderen Beziehungen errichten, in denen die Logik des Erfolges und des Profits nicht die wichtigste Rolle spielen darf, sondern das »kommunikative Handeln« ganz im Vordergrund steht.

Patrick Breitenbach: Also auch so ein bisschen der Einfluss der Systemtheorie?

Nils Köbel: Ja, Habermas hat verschiedene gesellschaftliche Systeme auf ihre Kommunikationsformen hin analysiert. Das Wirtschaftssystem funktioniert nach anderen kommunikativen Prinzipien als das politische System. Und dieses wiederum anders als religiöse Systeme. Bei diesen Untersuchungen erkannte er, dass das Wirtschaftssystem dazu neigt, andere Lebensbereiche zu »kolonialisieren«: Auch in Familien und Freundschaften geht es immer mehr um Leistung, Erfolg, Arbeit, obwohl das doch eigentlich Freiräume sein könnten, in denen mal was anderes im Vordergrund steht, wie Vertrauen, Liebe und Zuneigung. Dinge, die man nicht messen, berechnen und bezahlen kann. Diese Entwicklung sieht Habermas bis heute als große Gefahr an.

Patrick Breitenbach: Also das heißt, Habermas konzentrierte sich weniger auf das einzelne Subjekt, sondern er richtete den Fokus eher darauf, wie Individuen miteinander interagieren und wie sie in Beziehung zueinander stehen.

Nils Köbel: Genau das. Habermas interessiert sich für konkrete Interaktionsformen, für die »Lebenswelt« der Menschen, wie er dies nennt. Und noch eine andere Veränderung hat Habermas eingeläutet: Er hat gesehen, dass viele Aspekte der Psychoanalyse Sigmund Freuds, die die Vertreter der alten Frankfurter Schule für sich entdeckten, auch nicht mehr ganz frisch waren und zum Teil als überholt angesehen werden mussten. Habermas hat sich stattdessen stärker auf die moderne Psychologie eingelassen, hierbei besonders auf die Entwicklungspsychologie Jean Piagets. Die Kombination von Marx und Freud der klassischen Frankfurter Schule wurde von Habermas somit durch die neue Kombination von Interaktionismus und Kognitionspsychologie ergänzt.

Patrick Breitenbach: Also ein Stück weit eine Entideologisierung der alten Denkschulen und eine Anpassung des neuen historischen Kontextes. Und daraus ist sozusagen eine Art Evolution entstanden.

Nils Köbel: Könnte man sagen.

Patrick Breitenbach: Eine Synthese der Denker.

Nils Köbel: Finde ich schon. Es gab auch Kritik an Habermas deswegen.

Patrick Breitenbach: Warum?

Nils Köbel: Na, einige meinten, dass er das klassische Programm der Kritischen Theorie verraten hätte. In Sinne von: Du darfst doch nicht unseren Marx und unseren Freud so relativieren.

Patrick Breitenbach: Fundamentalisten?

Nils Köbel: Ja, die gab und gibt es natürlich auch in diesen Bereichen.

Patrick Breitenbach: Der Arme.

Nils Köbel: Wobei die Neuerungen von Habermas sich gegenüber der klassischen Kritischen Theorie durchgesetzt haben. Habermas ist einer der bedeutendsten Philosophen des 20. Jahrhunderts geworden. Ohne ihn wäre die Frankfurter Schule ganz ausgestorben.

NATURALISMUS
WILHELM
DILTHEY
IDEALISMUS
DER FREIHEIT
DER GARTEN DER PHILOSOPHIE
OBJEKTIVER
IDEALISMUS
IDEOLOGIEN
NATIONALSOZIALISMUS
MASSENPSYCHOLOGIE
KOMMUNISMUS
MAX
WEBER
KAPITALISMUS
#7
DIE
"Die protestantische Ethik und der Geist des Kapitalismus"
ENTSTEHUNG
STRÖME
NEOLIBERALISMUS
ADAM
SMITH
"Vom Reichtum der Nationen"
CALVINISMUS
PRÄDESTINATIONSLEHRE
GEGEN-
STRÖME
KARL
FRIEDRICH
MARX & ENGELS
KLASSENKAMPF
KOMMUNISMUS
DISKURSE
MICHEL
FOUCAULT
BOURGEOISIE
MACHT-
BEZIEHUNGEN
PROLETARIAT

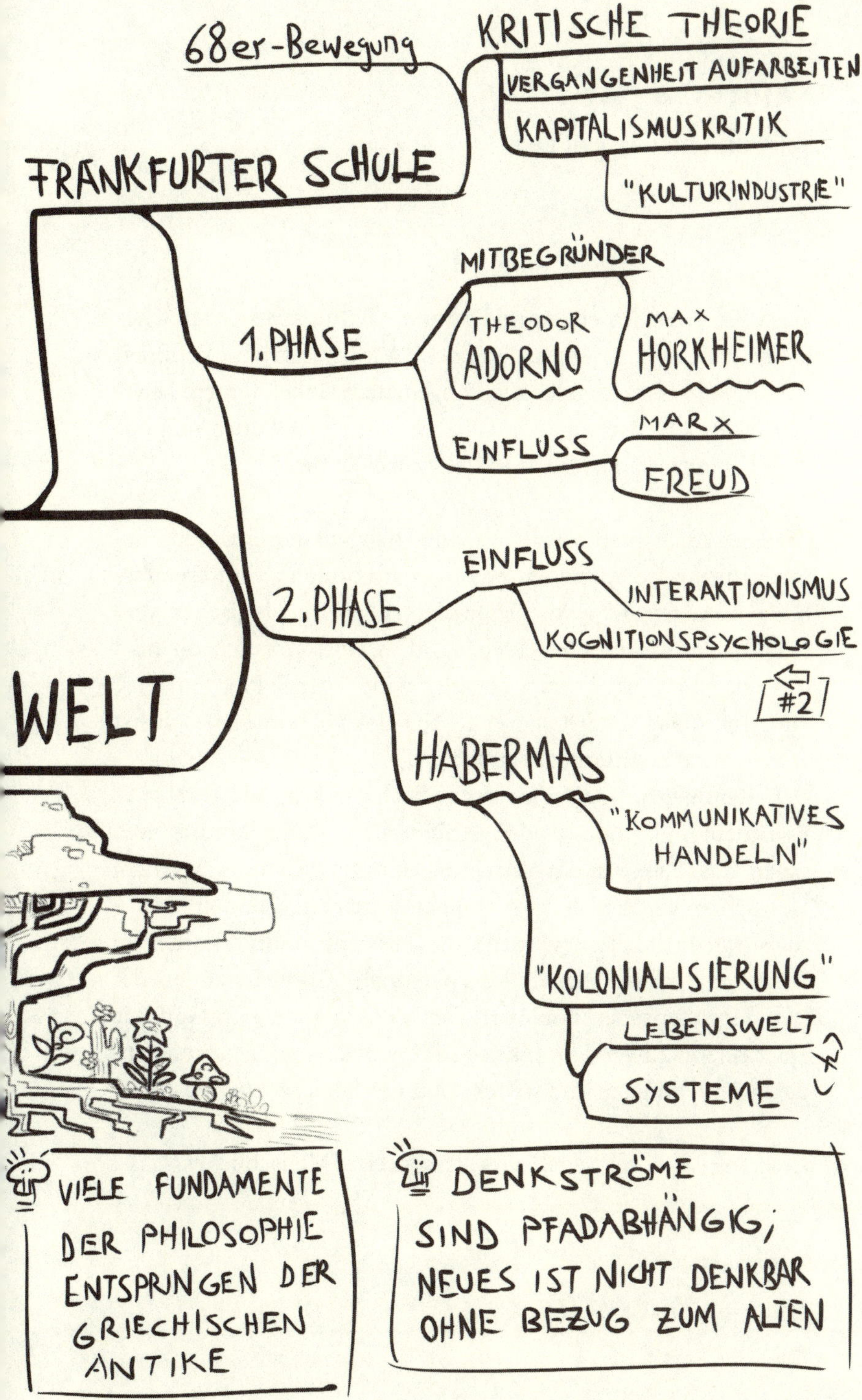

VIELE FUNDAMENTE DER PHILOSOPHIE ENTSPRINGEN DER GRIECHISCHEN ANTIKE

DENKSTRÖME SIND PFADABHÄNGIG; NEUES IST NICHT DENKBAR OHNE BEZUG ZUM ALTEN

KAPITEL 8 | GOTT

Religion und das Heilige

Patrick Breitenbach: Im ersten und zweiten Teil unseres Gespräches haben wir uns mit dem Ich und dem Wir befasst. Jetzt kommen wir am Schluss zu den letzten Dingen, dem Unbekannten, Unerklärlichen, Mystischen, dem Göttlichen. Lass uns doch mal mit der Religion anfangen. Was ist Religion eigentlich?

Nils Köbel: Auch hier würde ich eine sozialwissenschaftliche Betrachtungsweise vorziehen, weil dies am besten zu unseren bisherigen Ansätzen passt. Das bedeutet, die theologischen und religionsphilosophischen Fragen, ob es Gott gibt und ob man die Existenz Gottes beweisen oder widerlegen kann, zunächst zurückzustellen und Religion als soziales Phänomen möglichst wertfrei und nüchtern zu betrachten.

In dem Begriff »Religion« steckt das lateinische Wort »religio«. Es bedeutet »Bindung« oder »Anbindung«. Daher könnte man sagen, dass Religion das Verhältnis eines Individuums zu einem Göttlichen, Letztgültigen, Absoluten bezeichnet. In den monotheistischen Religionen Judentum, Christentum und Islam wird dieses Letztgültige, Absolute als personaler Gott verstanden, der sich dem Menschen offenbart. Der Mensch kann sich Gott wie einer Person zuwenden, er kann zu ihm beten und in einer lebendigen Beziehung zu ihm stehen. Gott erscheint als ein »Du«.

Patrick Breitenbach: Also auch wirklich als etwas Menschliches?

Nils Köbel: Ja, in den monotheistischen Religionen gibt es die Vorstellung, dass Gott alle Eigenschaften einer Person in sich trägt, auch wenn er natürlich darüber hinaus unendlich viel mehr ist. Da die Person das Wichtigste und Wertvollste ist, das der Mensch kennt, muss Gott mindestens personale Eigenschaften haben, damit er nicht hinter das Menschliche zurückfällt.

Das Christentum glaubt darüber hinaus, dass Gott sich als eine konkrete Person – Jesus Christus – den Menschen offenbarte und ihnen durch sein Leben und Wirken das Wesen Gottes direkt zeigen wollte. »Beziehung« als zentrales Thema unseres Buches taucht nun erneut auf, jedoch nicht mehr nur als Beziehung zwischen konkreten Menschen, sondern auch in Form eines personalen Verhältnisses zum Absoluten und Ewigen.

Patrick Breitenbach: Könnte man, wenn wir erneut auf Freud zurückgreifen, bei Gott von einem Über-Ich sprechen?

Nils Köbel: Freud hat das tatsächlich so gesehen. Für Freud bilden religiöse Vorstellungen einen wesentlichen Teil des Über-Ichs, das uns sagt, welchen Werten wir folgen sollen. Deshalb gibt es in Religionen auch immer moralische Normen, wie z. B. die Zehn Gebote. Gott als Überbringer dieser Werte und Normen ist nach Freud eine Projektion: Wir übertragen unser Verhältnis zu unseren realen Eltern in den Himmel hinein und haben dann einen allmächtigen Vater, den wir anbeten können, der uns beschenkt oder bestraft, oder eine Heilige Mutter Gottes, die immer auf uns aufpasst. Für Freud sind Gottesbilder Reste aus unserer Kindheit, die wir in das Erwachsenenalter hinüberretten möchten. Daher ist die Religionstheorie von Freud auch gleichzeitig eine Kritik am monotheistischen Gottesbild.

Jedoch gibt es auch Religionen, die gar nicht so sehr auf ein personales Gottesbild setzen, sondern eher von einer Alleinheit des Kosmos sprechen, in dem alles aufgehoben ist. In diesen

Lehren, die vor allem in fernöstlichen Kulturen entstanden sind, wurde die Welt nicht von Gott erschaffen, sondern ist selbst unendlich. Das Ziel des Gläubigen besteht darin, seine Identität als Illusion zu entlarven und in diese Alleinheit aufzulösen. Das Ich erscheint dann wie eine Welle im Meer; es ist Teil des Ganzen, hat aber keine eigene Substanz.

Patrick Breitenbach: Ist das ein bisschen vergleichbar mit der Dreifaltigkeit? Also die Dreifaltigkeit als Summe dieser Alleinheit?

Nils Köbel: Ja, die christliche Lehre der Dreifaltigkeit – bestehend aus Vater, Sohn und Heiliger Geist – wäre ein Beispiel für den kulturellen Versuch, unterschiedliche Gottesbilder miteinander zu verknüpfen. Das personale Gottesverständnis wird im Vater symbolisiert, das Wirken Gottes in der Welt drückt das Konzept Heiliger Geist aus, und das Wesen Gottes wird im Mensch gewordenen Sohn eindeutig. Das ist ein christlicher Versuch einer Systematisierung religiöser Glaubensinhalte.

Alle Weltreligionen haben Glaubenssysteme entworfen, in denen sie religiöse Haltungen mit philosophischen Konzepten verbunden haben. Diese Systeme gehören meines Erachtens zu den größten Leistungen des menschlichen Denkens. Sowohl die monotheistischen Religionen als auch die fernöstlichen Lehren haben äußerst differenzierte Theologien hervorgebracht, die versuchen, mithilfe der Vernunft zu ertasten, zu beschreiben, was ihren Glauben ausmacht. Allen gemeinsam ist das Verhältnis des Menschen zu einem Letztgültigen, Absoluten.

Patrick Breitenbach: Jetzt kann man natürlich aus atheistischer Perspektive heraus argumentieren, dass Gott immer dann ins Spiel kommt, wenn wir mit unseren rationalen und wissenschaftlichen Erklärungen nicht mehr wirklich weiterkommen. Der Gottesbegriff als Lückenfüller des uns Unbekannten und Unerklärlichen?

Nils Köbel: Die Versuche, weltliche Phänomene und Zusammenhänge mit übernatürlichen Wirkungen zu erklären, durchziehen die gesamte Kulturgeschichte. Dieses Denken beginnt schon in der Antike. Die polytheistische Religion des antiken Griechenlands hat in allen Wirkungen der Natur einen Gott am Werke gesehen: Es gab einen Gott des Windes, des Meeres, des Donners usw. Oder man hat geglaubt, dass Gott die Menschen bestrafen will, wenn ein Unwetter, eine Flut oder eine Dürre die Ernte ausfallen lässt. Menschen haben sehr früh in der Kulturgeschichte versucht, Ursachen und Wirkungen religiös zu deuten. Bereits im antiken Ägypten waren diese Vorstellungen sehr verbreitet und zeigten sich häufig in Kulten und Riten.

Patrick Breitenbach: Zumindest diejenigen, die uns bekannt sind.

Nils Köbel: Die uns bekannt sind, genau. Es gab schon in ganz frühen Kulturen religiöse Vorstellungen, die nach einem Vertragssystem funktionierten. Wenn die Ernte ausblieb, ging man davon aus, dass Gott nach einem Opfer verlangt. Erst wenn dies dargebracht wird, würde es wieder regnen und die Erde fruchtbar werden.

Dieser religiöse Glaube an göttliche Belohnung und Bestrafung taucht in allen Kulturen auf und weist darauf hin, dass es für die Betrachtung von Religionen ganz entscheidend ist, wie die Beziehung des Menschen zu einem Letztgültigen, Absoluten in einer bestimmten religiösen Gruppe bestimmt wird. Was verlangt Gott von den Menschen? Welche göttlichen Gebote sollen in welcher Weise gelebt werden? Wirkt Gott in unserer Welt? Und wenn ja, wie? Nicht nur die Frage, ob jemand an Gott glaubt, ist entscheidend, sondern auch, auf welche Art und Weise jemand glaubt.

Patrick Breitenbach: Das Schöne ist ja, das hat immer ganz gut funktioniert. Jedenfalls bis zu dem Punkt, an dem die Wissenschaft ins Spiel kam und alternative und rationale Erklärungsmodelle für bestimmte Phänomene ins Spiel brachte. So hat man beispielsweise irgendwann einmal eine Jungfrau geopfert für eine bessere Ernte. Wenn die bessere Ernte ausblieb, dachte man: Mist, der Gott ist immer noch nicht zufrieden. Also müssen wir noch viel mehr opfern. Und das machte man so lange, bis es entweder keine Jungfrauen mehr gab oder bis es dann doch mal angefangen hat zu regnen oder der Boden sich wieder erholt hatte. Das ist schon hochinteressant, dieses in sich geschlossene System, das zwangsläufig immer funktioniert.

Nils Köbel: Dieses Denken hat ja auch recht lange vorgeherrscht. Jedoch haben Menschen in ihrer Zivilisationsgeschichte auch zunehmend immanente Prinzipien erkannt, die viel besser weltliche Wirkungszusammenhänge erklären können als religiöse Glaubensvorstellungen.

Patrick Breitenbach: Und schließlich muss man sich gewahr sein, dass in dem Moment, in dem die Wissenschaft ins Spiel kam, sie den Menschen ja auch wieder ein bisschen was weggenommen hat, nämlich etwas, das man als »Übersinn« bezeichnen könnte. Denn mit Aufkommen der Wissenschaft breitete sich parallel eine Art Sinn-Vakuum aus. Vorher war alles durch Gottheiten klar geregelt und gefügt, und plötzlich ist es reiner Zufall. Noch mehr unbändige und unkontrollierbare Natur. Eine Natur, die man durch menschliche Kommunikation oder Rituale, also zum Beispiel Gebete oder Opfer, nicht mehr in den Griff bekommt. Vielleicht setzen viele auch darum ihre Hoffnung in die Technologie als ein neues Allheilmittel, um die Natur endlich wieder in den Griff zu kriegen?

Nils Köbel: Genau. Religion und Wissenschaft trennten sich im Laufe der Geschichte voneinander und bilden nun unabhängige

Perspektiven auf die Wirklichkeit. Diese Situation ist vor allem im Zuge der Aufklärung des 18. Jahrhunderts entstanden, in der die Naturwissenschaften rasant weiterentwickelt wurden und das moderne wissenschaftliche Weltbild zum Maßstab des Denkens avancierte.

Immanuel Kant hat damals in frappierender Klarheit gezeigt, dass man Gott weder beweisen noch widerlegen kann. Trotz dieser Kränkung für die Theologen seiner Zeit hat er der Religion damit eigentlich einen Gefallen getan, denn nun war klar, dass Religion gar nicht mit den Wissenschaften um Welterklärungen konkurrieren muss, sondern einen eigenen Bereich des menschlichen Denkens, Handelns und Fühlens für sich in Anspruch nehmen kann.

Der große Theologe der Aufklärung Friedrich Schleiermacher hat dieses neue Religionsverständnis in, wie ich finde, bis heute gültiger Weise vorgetragen: Das Wesen von Religion besteht im »Sinn und Geschmack fürs Unendliche«. Schleiermacher meint, dass Religion eine einzigartige Erfahrungsmöglichkeit des Menschen darstellt. Religiöse Menschen können das, was Wissenschaft und Forschung nicht erfassen können, im Glauben erahnen: das Absolute, Ganze, Letzte. Dieser Ansatz hat nicht nur das theologische und philosophische, sondern auch das sozial- und kulturwissenschaftliche Denken über Religion stark geprägt. So bezeichnet der schon im letzten Kapitel erwähnte Religionssoziologe Peter Ludwig Berger Religion als Ausdrucksform einer Grunderfahrung des Menschen: der Erfahrung des Heiligen.

Patrick Breitenbach: Was ist denn das Heilige eigentlich?

Nils Köbel: Schwierige Frage. Peter Berger versucht sich dem Heiligen zu nähern, indem er zunächst aufzeigt, dass es unterschiedliche Schichten der Realitätswahrnehmung gibt. Da gibt es zunächst die Realität des Hellwachseins, die wir miteinander teilen, in der wir uns unterhalten und auf die gleichen Dinge beziehen können. Dies ist die Realität des Alltags, die wir gewöhnlich als Wirklichkeit bezeichnen.

Neben dieser »obersten Realität« können Menschen aber auch ganz andere Erlebnisse in der Welt haben. Wenn mir an meinem Arbeitsplatz langweilig wird, kann ich in Tagträumen in ganz andere Welten abtauchen; wenn ich auf meinem MP3-Player die Lieder meiner Lieblingsband höre, kann ich das Gefühl haben, über den Dingen zu schweben; manche Sportler berichten über Erfahrungen eines Flow-Gefühls beim Marathonlauf. Momente wie diese nennt Peter Berger »Sinnprovinzen«. Menschen können in bestimmten Lebensmomenten in Sinnprovinzen eintauchen – und wieder in die Alltagswelt zurückkehren, wenn z. B. der Wecker den Mittagsschlaf jäh beendet oder der Läufer am Ziel ankommt.

Und für Berger ist das Heilige nun eine ganz besonders intensive Erfahrung einer Sinnprovinz, die meine Identität verändern kann. Wenn Menschen in Meditationen oder Gebeten das subjektive Gefühl haben, in einer lebendigen Beziehung zum Absoluten, Letztgültigen zu stehen, dann wirkt diese Erfahrung auf die gesamte Persönlichkeit.

Ein eindrückliches Beispiel für eine solche Erfahrung des Heiligen ist die Erweckungsgeschichte des Buddha. Siddhartha Gautama meditierte unter einer Pappelfeige und erlangte dabei die durchschlagende Erleuchtung, dass das Leben und die Welt im Grunde eine Illusion sind. Diese Einsicht veränderte sein Selbstbild und seine Weltanschauung grundlegend.

Diese Erzählung könnte man als Prototyp einer religiösen Erfahrung bezeichnen. Religionen als historisch entstandene Organisationen versuchen, solche Erfahrungen mithilfe von Symbolen und Riten auszudrücken und lebendig zu halten.

Patrick Breitenbach: Ich finde interessant, dass du als Beispiel Buddha wählst, weil der ja eigentlich eben nicht dieses klassische gottesgeprägte Religionsbild repräsentiert. Das heißt, beim Heiligen geht es eigentlich immer um eine Erfahrung. Und unmittelbar damit zusammenhängend steht eine Art Identitätsauflösung, die Ich-Auflösung.

Nils Köbel: In dem Fall lehrt das die Erfahrung.

Patrick Breitenbach: Das heißt, ich gehe über die Grenzen des menschlichen Daseins, des Ichs hinaus. Und die Deutung dieser Erfahrungen ist wohl ganz entscheidend. Also Buddha hat das eher so gedeutet, dass er sagt, alles Dasein auf der Erde ist Schein, und ich als Buddha habe durch meine Erfahrung das wahre Selbst erfahren. Ich bin im Selbst aufgegangen. Und andere würden diese Erfahrung anders interpretieren und behaupten, sie waren kurz im Himmel oder beim Vater, je nachdem, wie man vielleicht selbst zuvor kulturell geprägt, also sozialisiert wurde.

Buddha hatte ja wiederum, glaube ich, einen hinduistischen Background. Und der Hinduismus hat im Gegensatz zu unserer monotheistischen Religion, also dem Glauben an nur einen Gott, ganz viele verschiedene Götter. Und vielleicht war das auch gerade diese krasse Erfahrung des Einsseins, der Verschmelzung mit dem Selbst, die ihn eine neue Lehre hat formulieren lassen und bei anderen eher die Vermutung entstehen lässt, es gäbe nur einen Gott. Durch diese Erfahrung des Einsseins des Ganzen. Aber ich finde es eben ganz entscheidend, dass da ganz viel mit vorhandenen Bildern in uns passiert, also je nachdem, wie ich sozialisiert wurde.

Nils Köbel: Ja, das ist ein ganz wichtiger Einwand. Wenn wir bei dem Beispiel bleiben, kann man sehen, dass Buddha diese entscheidende Erleuchtung nicht ganz voraussetzungslos erfahren hat. Er hat sich vorher mit vielen religiösen Lehren und Meditationspraktiken auseinandergesetzt. Deshalb sind bei Erfahrungen des Heiligen immer zwei Aspekte wichtig: Erlebnis und Deutung. Lebensereignisse werden erst zu Erfahrungen, wenn ich sie in bestimmter Weise deute.

Peter Berger betont, dass wir immer Dinge und Ereignisse »als etwas« erleben. Wir erleben z. B. Wasser als kalt, erfrischend, belebend etc. Und Lebenserfahrungen erleben wir als überraschend, überwältigend, aufschlussreich, beruhigend oder aufregend. Jede Begegnung und Erfahrung beziehen wir auf unser bisheriges Leben, und erst dann kann sie in unserer Biografie wirken. Und gläubige Menschen können Lebenserfahrungen religiös deuten: Wenn ich eine schwere Krise überstanden habe, kann ich Gott danken. Wenn ich Angst vor einer wichtigen Klausur habe, kann ich um Kraft und Beistand bitten.

Patrick Breitenbach: Oder wenn ich Schuld empfinde. Die einen gehen eben zur Beichte und die anderen zum Therapeuten.

Nils Köbel: So ist es. Die Beichte »funktioniert« ja in ihrer subjektiven Wirkung auf den Beichtenden nur dann, wenn er glaubt, dass er durch den Priester wirklich losgesprochen wird von seiner Schuld. Darüber hinaus suchen religiöse Menschen auch Erfahrungen des Heiligen: Sie gehen in den Gottesdienst, sie meditieren und beten, sie lesen in der Bibel oder im Koran. Diese Vollzüge werden in ihrer subjektiven Wirkung als wesentlich für die eigene Identität betrachtet.

Patrick Breitenbach: Jetzt sollten wir das trotzdem noch ein bisschen differenzieren. Es gibt Menschen, die zwar keine dieser Erfahrungen des Heiligen gemacht haben und die dennoch stets auf der Suche danach sind. Und es gibt die rein institutionelle Komponente von Religion, das Zugehörigkeitsgefühl zu einer Religionsgemeinschaft. Da geht es vielleicht auch gar nicht mehr in erster Linie um die Suche nach dem Allerheiligsten, sondern man findet dort eher einen Raum, in dem man sich mit Gleichgesinnten trifft und gemeinsame Rituale vollzieht und damit einfach auch ein gutes Gefühl erleben kann.

Nils Köbel: Das betrifft auch die Frage nach der Institutionalisierung von Religion. Peter Berger betont, dass Erfahrungen des Heiligen äußerst flüchtig sind. Religiöse Erlebnisse sind nur von kurzer Dauer und drohen im Alltagstrott schnell zu verblassen. Und niemand kann diese spontanen Momente kontrollieren. Ich kann mir nicht vornehmen, morgen diese oder jene religiöse Erfahrung zu machen. Die Evidenz des Heiligen ist unberechenbar – kontingent, wie es im Soziologenjargon heißt.

Deshalb haben Menschen versucht, diese religiösen Erfahrungen zu konservieren, zu erhalten, zu speichern. Und auf diesem Wege sind religiöse Organisationen und Institutionen als Speichermedien für Erfahrungen des Heiligen entstanden. Überall auf der Welt, in allen Kulturen, zu allen Zeiten sind religiöse Riten und Schriften entstanden. Man wollte die religiöse Erfahrung unbedingt aufschreiben, um sie festzuhalten. Wie Verlaufsprotokolle heiliger Widerfahrnisse. Peter Berger nennt als Beispiel hierfür den Entstehungsmythos des Koran.

Patrick Breitenbach: Was ist da genau passiert?

Nils Köbel: Der Koran als Heilige Schrift des Islam wurde dem muslimischen Glauben zufolge dem Propheten Mohammed von Gabriel, einem Erzengel Gottes, Wort für Wort diktiert. Peter Berger würde dieses religiöse Narrativ soziologisch deuten: Mohammed versuchte, eine alles überbietende Erfahrung des Heiligen in einer Schrift zu manifestieren. Solche Vorgänge finden sich nach Berger in allen Religionen, die sich auf heilige Bücher oder Texte beziehen.

Um dem religiösen Erleben eine angemessene Ausdrucksweise zu verleihen, verwenden die Verfasser dieser Schriften häufig poetische Stilmittel wie Metaphern oder Analogien. Bildhauer und Maler versuchten wiederum, die Inhalte dieser Texte in Kunstwerken unterschiedlichster Art auszudrücken. In der katholischen Kirche kann man diese Produktion religiöser Artefakte sehr gut beobachten, denken wir etwa an die großartigen Bilder und Skulpturen von Michelangelo im Petersdom. Oder die unzähligen Gemälde und Büsten in den Vatikanischen Museen. Sie alle versuchen Peter Berger zufolge, mithilfe von dichterischen und künstlerischen Mitteln das Heilige präsent zu halten und Menschen darzubieten, die selbst keine eigenen religiösen Erfahrungen gemacht haben. So besteht eine Funktion jeder Sakralkunst darin, religiöse Erfahrungen zu speichern, damit sie nicht in Vergessenheit geraten.

Patrick Breitenbach: Ist ja auch wieder eine Form der Erziehung und damit einer bewussten Sozialisierung. Ich umgebe mich mit Menschen mit diesen Strukturen in ästhetischer Ausformung, mit entsprechenden Ritualen und so weiter. Das ist eigentlich ein sehr schönes Beispiel dafür, wie Sozialisierung im religiösen Kontext stattfindet.

Nils Köbel: Stimmt, deshalb übernehmen etablierte religiöse Institutionen und Organisationen wie Kirchen oder andere Religionsgemeinschaften auch häufig unterschiedliche soziale Funktionen. Eine dieser Funktionen ist die Sozialintegration, die Einführung von Kindern und Jugendlichen in die jeweiligen religiösen Traditionen, Werte und Normen.

Das Problem der christlichen Volkskirchen in unserer Gesellschaft ist, dass sie nicht mehr die Einzigen sind, die diese Funktion übernehmen wollen. Die katholische und evangelische Kirche müssen sich den Marktplatz der Sinnangebote heute mit vielen anderen religiösen und weltlichen Anbietern teilen. Kirchlich zu sein ist heute eine Option unter vielen, denn Religion wird zur Privatsache, jeder kann und muss selbst entscheiden, »woran er sein Herz hängt«, wie Martin Luther so treffend formulierte.

Peter Berger nennt diesen Prozess »vom Schicksal zur Wahl«. Wurde man früher in eine religiöse Tradition hineingeboren, steht heute die subjektive Entscheidung im Vordergrund.

Patrick Breitenbach: Einer meiner Lieblingssoziologen ist ja Norbert Elias und sein Werk »Über den Prozess der Zivilisation«. Er stellte sich die Frage, wie willkürliche Gewalt im Laufe der Jahrhunderte abnehmen konnte. Also du konntest vor vielen Jahrtausenden nicht einmal eben zum Pinkeln rausgehen, ohne dabei Angst zu haben, von hinten erschlagen und ausgeraubt zu werden. Es gab so gut wie keine Gesetze oder Eigentumsrechte. Jeder konnte dir etwas wegnehmen, dich vergewaltigen oder totschlagen. Eine Zeit des gewalttätigen Chaos.

Eine von Elias' Thesen war, dass es eines starken Gewaltmonopols bedurfte, um dieser Willkür Herr zu werden. Eines der großen europäischen Gewaltmonopole war sicherlich auch die Institution Kirche. So war Religion zum Teil vermutlich eben auch so etwas wie ein Zivilisationsinstrument. Religion führte bestimmte ordnende Normen in die chaotische Gesellschaft ein, moralische Regeln für das tägliche Zusammenleben.

So gibt es beispielsweise im Judentum die Mitzwot, 613 Regeln aus dem Alten Testament, die zum Teil ins alltägliche Klein-Klein gehen, also mal hygienische Regeln wie: Man soll ein totes Tier besser nicht berühren, oder juristische Regeln wie: Wenn das eigene Vieh Schaden anrichtet, so soll man diesen ersetzen.

Religion hatte also auch die Funktion, Menschen zu zivilisieren, das Chaos zu ordnen.

Nils Köbel: Genau. Neben der Sozialintegration stiftete Religion soziale Ordnung. Solche frühen sozialen Strukturierungen haben den Prozess der Zivilisierung maßgeblich mitgeprägt.

Patrick Breitenbach: Und eine Metapher oder eine Geschichte, die wir schon im vorigen Kapitel aufgegriffen haben, ist ja Adam und Eva. Ein ganz wichtiges, grundsätzliches alttestamentarisches Leitbild, vielleicht ganz bewusst am Anfang der Schrift platziert, ist das Bild der Erbsünde. Das heißt, wenn es mir als Gläubigem richtig schlecht geht und ich bete und bete und ich befolge alle Regeln, und es geht mir aber weiterhin schlecht, gibt es sozusagen am Ende – was der Anfang der gesamten Geschichte der Menschheit symbolisiert – immer noch die Argumentation: Du leidest zu Recht, weil Adam und Eva gesündigt haben und daher die gesamte Menschheit aus dem Paradies vertrieben wurde. Und es steckt ganz klar das extrem schützende Dogma drin: Hinterfrage niemals die oberste Instanz und versuche erst gar nicht, die Erkenntnis zu erlangen, die dein Gott hat, sonst blüht dir das ewige Leid auf Erden.

Kann man dann fast schon behaupten, jede erfolgreiche Religion besitzt so ein hermetisch abgeschlossenes System, das man mit Beweisen, Erkenntnissen oder Argumenten gar nicht mehr widerlegen kann?

Nils Köbel: Genau. Religionen entwickeln im Zuge ihrer Institutionalisierung Glaubenssysteme, die auch Dogmen, also Glaubensgrundsätze beinhalten. Religiöse Erfahrungen können nämlich Peter Berger zufolge auch eine Gefahr für eine bestehende Gesellschaft darstellen. Auch dies kann man an Geschichten heiliger Schriften gut erkennen. Viele Propheten des Alten Testaments kritisierten religiöse Missstände in der Gesellschaft und riefen zur Umkehr auf. Sie stellten die bestehende Ordnung infrage.

Und deshalb versuchen etablierte religiöse Organisationen immer auch, religiöse Erfahrungen zu domestizieren, indem sie prüfen: Welche Erfahrungen des Heiligen passen in unser bestehendes System, und wie gehen wir mit denjenigen um, die unsere Glaubenshaltungen infrage stellen?

In der Geschichte der Religionen sind auf diese Fragen unterschiedliche Antworten gefunden worden, viele davon versuchten mit Gewalt und Unterdrückung, ihr System zu schützen. Auch hier war der Lehrsatz Karl Poppers »Lasst Ideen sterben, nicht Menschen« oftmals nicht besonders angesagt.

Patrick Breitenbach: Jetzt gibt es ja noch eine Eigenschaft bei Religionen, über die wir sprechen müssen. Du hattest ja bereits erwähnt, dass einige Religionen auch als Machtinstrument missbraucht werden. Die einen mehr, die anderen weniger.

Nils Köbel: Alle wurden auch schon als Machtinstrument missbraucht.

Patrick Breitenbach: Das mit Sicherheit. Aber es gibt schon so gewisse Unterscheidungsmerkmale. Beispielsweise kennt das Judentum keine unmittelbare Missionierung. Es wird aber oftmals in antisemitischen Kontexten so getan, als ob das Judentum sozusagen die Welt erobern will. Aber Missionierung im Sinne von andere vom Judentum zu überzeugen findet de facto einfach nicht statt.

Nils Köbel: Wobei es natürlich auch Buddhisten gibt, die missionieren wollen. Gerade moderne Buddhisten in Europa bauen mitunter stark auf Mission und Werbung für ihre Weltanschauung.

Patrick Breitenbach: Genau. Also da ist immer auch die Frage, welcher jeweilige geistige Führer auf Erden spricht gerade im Namen der jeweiligen Religion. Was sagen die? Wie legen sie die Religion aus? Und wollen sie damit Politik gestalten? Und natürlich gibt es dann immer welche, die extrem ausscheren und das natürlich entsprechend missbrauchen. Also man muss auch sehen, im Kern bleibt Religion immer mit dem Menschlichen verbunden. Und damit auch dem Hang zur Macht- und Herrschaftsausübung.

Nils Köbel: Klar, weil Religionen als Organisationen immer von Menschen gemacht werden, die unterschiedlichste Interessen miteinfließen lassen. Wir haben immer unsere Modelle, unsere Bilder und Vorstellungen und damit alles wieder im Boot, was uns als Menschen im Positiven wie im Negativen ausmacht. Und dazu gehört auch unser Machthunger, unser Egoismus und unser Konkurrenzdenken.

Deshalb sind Religionen auch häufig schillernd und ambivalent. Sie können Wunderbares hervorbringen, wie Befreiungsbewegungen von Personen wie Martin Luther King oder Mahatma Gandhi. Sie können aber auch durchdrungen sein von Machtinteressen und Gewalt wie bei der mittelalterlichen Inquisition.

Ich finde, dass man im Petersdom in Rom die unterschiedlichen Facetten des Religiösen sehr gut studieren kann, da er voll von menschlicher Geschichte ist, die sich im Religiösen spiegelt. Dort wird in einigen Bildern mit dem Tod und der Hölle gedroht und den Menschen Angst gemacht, während andere Bilder die befreiende und friedensstiftende Kraft des Glaubens zeigen. Beides existiert nebeneinander bis heute. Und man kann beides an den Artefakten sehen.

Patrick Breitenbach: An dem Punkt ist es wichtig zu erwähnen, dass sich trotz allem scheinbar starren Dogmatismus die Vorstellung, dass Religion sich nie wandeln oder die Institution Kirche sich nicht verändern wird, langfristig gesehen Quatsch ist. Denn eigentlich ist es permanent der Fall, weil sich die Institution immer auch am jeweiligen Zeitgeist und am geschichtlichen Kontext orientiert, und zwar zwangsläufig, weil die Institution immer von Menschen bewegt wird.

Die Kirche des Mittelalters war ganz anders strukturiert als heute, weil die Gesellschaft eine andere war. Es herrschte zum Teil große Armut. Willkürliche Gewalt. Das entschuldigt natürlich nicht Dinge wie die Inquisition, aber es gibt einem so ein bisschen das Gefühl, warum so etwas zur damaligen Zeit passieren konnte und warum es heute eher unwahrscheinlich ist, dass die katholische Kirche in Europa selbiges wiederholen würde.

Wenn man also so ein bisschen von der Meta-Ebene darauf guckt, über eine lange Zeitspanne hinweg, so wird man vermutlich feststellen, dass sich auch starre Dogmen im Laufe der Geschichte lockern oder sogar ganz auflösen können. Ich glaube, die Herausforderung von Kirche ist, immer das Gleichgewicht zwischen Tradition und Moderne zu halten.

Nils Köbel: Ja, genau.

Patrick Breitenbach: Warum ist das so? Also warum haftet man auf der einen Seite so an der Tradition?

Nils Köbel: Da gibt es mehrere Gründe. Peter Berger spricht von kognitiven Kontaminationen, die Menschen erleben, wenn sie im Zuge gesellschaftlicher Öffnungen, etwa durch neue Handelswege und damit verbundene Begegnungen mit Fremden, realisieren, dass es andere Religionen und Wertvorstellungen gibt. Die schnellste und oberflächlichste Möglichkeit, mit dieser Situation umzugehen, besteht in der Abwehr des Fremden und Bestärkung der eigenen Weltanschauung.

Charles Taylor schreibt, dass es um 1500 eigentlich kaum möglich war, nicht an Gott zu glauben. Im Zuge der Neuzeit jedoch kommt es Taylor zufolge zu einem »Nova-Effekt«: Immer mehr alternative Weltdeutungen und Lebenshaltungen werden möglich. Viele Religionsgemeinschaften betonen angesichts dieser Situation, dass das »Heilige« geschützt werden müsse vor diesen Bedrohungen der Pluralität. Und ich glaube, ein entscheidendes Problem ist, dass das Heilige häufig mit Symbolisierungen des Heiligen gleichgesetzt wird.

Patrick Breitenbach: Wie meinst du das?

Nils Köbel: Auf diese Verwechslung hat seinerzeit schon Martin Luther hingewiesen. Im Mittelalter hat man viele Reliquien und Artefakte so behandelt, als wären sie nicht Hinweise auf das Göttliche, sondern selbst Teil des Göttlichen. Und kirchliche Dogmen hätten nichts Menschengemachtes in sich, sondern kämen direkt von Gott. Wenn man so denkt, sind diese Dinge religiös unanfechtbar und vor Änderungen abzuschotten.

Patrick Breitenbach: Gerade jetzt aktuell in Deutschland wabert die Angst vor einer drohenden Islamisierung unserer westlichen Wertegesellschaft, die dann gerne als »Abendland« bezeichnet wird, durch die Köpfe einiger Menschen. Die Angst wird unmittelbar gekoppelt an die Vorstellung einer Völkerwanderung und damit auch eines Kulturtransfers.

Die Menschen, die neu nach Deutschland kommen, treibt zum Teil natürlich Krieg oder eine schlechte wirtschaftliche Situation hierher, gefördert wird die Migration heute aber eben durch eine weltweit erhöhte Mobilität und die Attraktivität unseres Wertesystems, das eher auf Vielfalt und Freiheit setzt. Diese Werte einer freien und offenen Gesellschaft ziehen eben sehr viele Menschen an. Sie finden ein Land vor, in dem ein Grundgesetz und seine demokratischen Werte gelten und diese theoretisch ein Maximum an Freiheit und Vielfalt ermöglichen. Das birgt zum einen die Chance auf Integration der fremden Kulturen und auf der anderen Seite die Gefahr einer gefühlten Bedrohung. Und manche Menschen versuchen sich durch fundamentalistische Haltungen davon abzuschotten.

Nils Köbel: Genau das würde Peter Berger sagen. Es gibt angesichts der Moderne und der Globalisierung beide Möglichkeiten. Und für das Wissen der Menschen voneinander spielen natürlich die modernen Massenmedien eine entscheidende Rolle. Peter Berger sagt, dass es für gläubige Menschen im Grunde drei Möglichkeiten gibt, wie man mit der Situation der globalisierten Moderne umgehen kann. Er nennt diese Möglichkeiten die deduktive Option, die reduktive Option und die induktive Option.

Patrick Breitenbach: Okay. Eins nach dem anderen.

Nils Köbel: Fangen wir mit der deduktiven Option an. Die deduktive Option hast du eben gut mit dem Abendlandbeispiel beschrieben: Ich habe das Gefühl, meine Welt wird bedroht. Es gibt eine Gefahr, die irgendwo da draußen ist, die ich aber nicht wirklich kenne und verstehe. Die deduktive Reaktion auf diese Bedrohung besteht in der Abschottung gegenüber dem Fremden. Deduktives Denken versucht ein Bollwerk gegen die Moderne aufzubauen und bestärkt die Gültigkeit traditioneller religiöser Werte und Normen.

Patrick Breitenbach: Es ist ja auch interessant, dass die Bedrohungen oft an symbolhaften Strukturen festgemacht werden. Also zum Beispiel Minarette und Kopftücher. Symbole der Zugehörigkeit, die zugleich als Zeichen von Bedrohung gelten. Das sind so äußere Projektionsflächen, die diese diffuse Angst irgendwie kanalisieren und die Fantasie noch zusätzlich anregen.

Nils Köbel: So ist es. Und deduktive Reaktionen, diesen Reflex, kann man in allen Kulturen und Religionen beobachten, sogar in säkularen Bereichen. Die von dir angesprochene Abendlandsideologie wäre ja auch so etwas wie die Bestärkung des vermeintlich noch Bestehenden.

Die zweite Möglichkeit, wie gläubige Menschen mit dem Nova-Effekt der Moderne umgehen können, die reduktive Option, beinhaltet das genaue Gegenteil der deduktiven Religiosität. Angesichts der Pluralität versucht diese Haltung, religiöse Werte, Normen und Traditionen in weltliche Begriffe und Formen zu übersetzen.

Das ist im modernen Christentum häufig geschehen: Eigentlich war Jesus ein Psychotherapeut, der ja nichts anderes wollte, als Neurosen zu heilen. Oder: Jesus war eigentlich eine Art Reformpolitiker, der für Frieden und gegen soziale Ungerechtigkeit mobil machen wollte.

Reduktives Denken versucht, einen säkularen Kern aus religiösen Werten und Lehren herauszuarbeiten. Wenn dies gelingt, kann dieser Kerngehalt ganz weltlich, ohne Religiosität, jeder modernen Gesellschaftsform angepasst werden. Ich kann z.B. die Bergpredigt als rein moralischen Wertekatalog verstehen, der zwar mal religiös verpackt wurde, nun aber in ganz entkleideter Gestalt säkular geltend gemacht werden kann.

Patrick Breitenbach: Könnte man vielleicht ganz platt behaupten, Säkularisierung ist einfach nur ein Transfer von der Theologie zur Philosophie?

Nils Köbel: Dieser Transfer ist in der Philosophie häufig zu beobachten. Ein berühmtes Beispiel ist die Hegel-Interpretation von Karl Marx. Er nahm Hegels Gedanken auf, dass die menschliche Geschichte eine Entwicklung auf ein Ziel hin darstellt, verwarf aber alle metaphysischen und theologischen Aspekte, die in Hegels Theorie enthalten waren. Marx stellte die Philosophie Hegels nach eigenen Worten vom »Kopf auf die Füße«, indem er sie radikal verweltlichte. Ironischerweise entwarf Marx mit seinem philosophischen Konzept dann wiederum eine Ideologie, die Ähnlichkeiten mit einer Religion hat.

Wie dem auch sei, die Übertragung des Heiligen auf irdische Bezugsgrößen geschieht oft. Die Nation kann dann heilig werden, und die Flagge wird zum sakralen Symbol. Oder eine politische Befreiungsbewegung wird quasireligiös gedeutet. Figuren wie Che Guevara haben für manche bis heute den Status eines Heiligen oder sogar eines Messias. Einige Theologen halten die Menschenrechte für den Kern der Bibel und versuchen zu zeigen, dass der Begriff der Menschenwürde aus den Evangelien abgeleitet werden kann. Der Kern des Religiösen wird auf moderne Werte verschoben.

Das ist natürlich eine einfache Lösung, mit der man sich viele Probleme erspart. Man kann sich dann mit Atheisten gut verständigen und über viele Punkte einig werden.

Patrick Breitenbach: Und die dritte Option?

Nils Köbel: Die dritte Option ist laut Peter Berger die schwierigste, aber auch die interessanteste. Er nennt sie die induktive Option. Sie besteht in einer Rückbesinnung auf den Ursprung des Religiösen, der Berger zufolge in der religiösen Erfahrung liegt. Induktiv-religiösen Menschen gelingt es, in ihren Lebensvollzügen eine Religiosität zu entwickeln, die das Heilige bewahrt und lebendig hält, aber auch in Einklang mit der modernen Welt steht.

Religiöse Riten und Traditionen werden weder umgedeutet noch bestärkt, sondern in Beziehung zu individuellen Glaubensüberzeugungen gesetzt. Diese Haltung ermöglicht ein kritisch-positives Verhältnis zu Religionsgemeinschaften und eine Offenheit für religiöse Reformen. Religiöse Traditionen können lebendig werden, indem sie mit persönlichen religiösen Erfahrungen verknüpft werden. Dadurch entsteht eine Religiosität, die dialogfähig wird, sowohl mit wissenschaftlichen Weltbildern als auch mit anderen Religionen. Die eigene Tradition wird ernst genommen, aber im Austausch mit anderen Weltanschauungen weitergeführt.

Ein Paradebeispiel für eine induktiv denkende Persönlichkeit wäre zum Beispiel Bischof Desmond Tutu, der seine religiöse Haltung unmittelbar in die politische Arbeit in Südafrika eingebracht hat.

Patrick Breitenbach: Könnte man dafür eigentlich den Begriff der Spiritualität verwenden?

Nils Köbel: Genau. Solche modernen Begriffe versuchen einen neuen Ton ins Religiöse hineinzubringen. Man würde heute vielleicht auch den Begriff der Meditation irgendwie attraktiver finden als den des Gebets. Weil da eher eine Offenheit und eine Anschlussfähigkeit mitschwingt.

Patrick Breitenbach: Also quasi eine Art Reframing, eine Umdeutung? Das Alte ist irgendwie verbrannt, auch die alten blöden Geschichten, die einfach passiert sind, aber der Drang nach Sinnsuche und Spiritualität ist einfach da und wird vermutlich immer da bleiben.

Nils Köbel: Und der muss sich behaupten angesichts der Moderne. Und dafür wird nicht das Mittel der Abschottung gesucht, sondern das Mittel des Dialogs und der Offenheit.

Patrick Breitenbach: Das heißt, zum Beispiel auch die Strömung der Esoterik?

Nils Köbel: Esoterische Strömungen können auf ihre eigene Weise auch sehr fundamentalistisch sein und auf Abschottung zielen. Wenn Sätze fallen wie: »Wir sind die Erleuchteten, die weiter entwickelt sind als die anderen«, wird induktiv denkenden Menschen übel.

Peter Berger betont, dass die drei Optionen quer zu den Religionen liegen. Sie können in allen religiösen Erscheinungen vorkommen. Die Frage ist immer, wie man mit religiösen Lehren und Formen umgeht – auf die Art und Weise kommt es an.

Patrick Breitenbach: Ich finde dieses Modell eigentlich wunderbar. Man kann das vielleicht auch einmal ganz kurz durchspielen. Also ich stelle mir da gerade jemanden vor, der irgendeine religiöse Vision hat. Und je nachdem in welcher sozialen Rolle oder Form der Sozialisation er sich befindet, wird diese Erfahrung unterschiedlich interpretiert und eingeordnet.

Ist er ein Priester mit einer Vision, so ist er eingebettet in einen Kontext, wo das als klare religiöse Erfahrung gewertet wird. Bin ich jemand, der vielleicht gar nicht unmittelbar in der Gesellschaft verankert ist, zum Beispiel ein Obdachloser, wird das ganz schnell pathologisch gewertet, dann hat der Mann keine religiöse Erfahrung, sondern schlichtweg Wahnvorstellungen. Das wäre sozusagen das reduktive Extrem des Säkularisierten. Und das dritte wäre wahrscheinlich das Sowohl-als-auch, also einen neuen Zwischenraum finden, wo es weder als krankhaft noch als traditionell religiös gewertet wird.

Nils Köbel: So ist es. Man kann mit diesem Modell viel erkennen. Vielleicht noch als Ergänzung: Peter Berger hat sehr schöne Begriffe erfunden. Die induktive Option bedeutet, dass ich mich freiwillig in einen religiösen »Nexus« hineinstelle. Dieses Wort hat er tatsächlich benutzt.

Patrick Breitenbach: Was heißt das?

Nils Köbel: Nexus meint so etwas wie einen Traditionsfluss. Das Christentum beispielsweise hat eine jahrtausendealte Tradition, die man als einen Fluss, einen Strom durch die Geschichte betrachten kann. Und induktive Religiosität bedeutet, sich freiwillig in diesen Strom hineinzubegeben, aber sich nicht blind mitreißen zu lassen, sondern Freischwimmer zu sein. Ich muss nicht total untertauchen, sondern kann mich in diesem Fluss bewegen. Ich kann hin und her schwimmen und vielleicht auch mal an eine Insel kommen, wo ich ein bisschen ausharre.

Patrick Breitenbach: An Seitenarmen und Buchten.

Nils Köbel: Vielleicht auch die mal probieren, genau.

Patrick Breitenbach: Das heißt, wenn ich auf dem Floß sitze, ist Bildung wiederum mein Ruder?

Nils Köbel: Exakt. Das bedeutet religiöse Bildung. Wenn ich etwas tue, will ich wissen, was ich tue, und ich will mich auch weiter informieren. Das gilt auch und gerade für die religiösen Bereiche des Lebens. Religiöse Bildung bedeutet, sowohl die eigene Religion besser zu verstehen als auch andere Religionen kennenzulernen. Religiöse Praktiken selbstbewusst auszuprobieren und zu beobachten, wie ich reagiere. Ohne mich fremdbestimmen zu lassen.

DEDUKTIVE OPTION
ABSCHOTTEN
FUNDAMENTALISIEREN
UMGANG MIT MODERNE
REDUKTIVE OPTION
ÜBERSETZEN:
TRADITIONELLES
WELTLICHES
BERGER
INDUKTIVE OPTION
VERBINDEN
TOLERIEREN
"SPIRITUALITÄT"
#8
REL
#6
KANT
GOTTESBEWEISE
UNBEWEISBAR
LÜCKENFÜLLER
ÜBER-ICH
TAUSCHGESCHÄFTE
SOZIALISIERUNG
MACHTINSTRUMENT
ZIVILISATIONSINSTRUMENT
NORBERT ELIAS
"Über dem Prozess der Zivilisation"

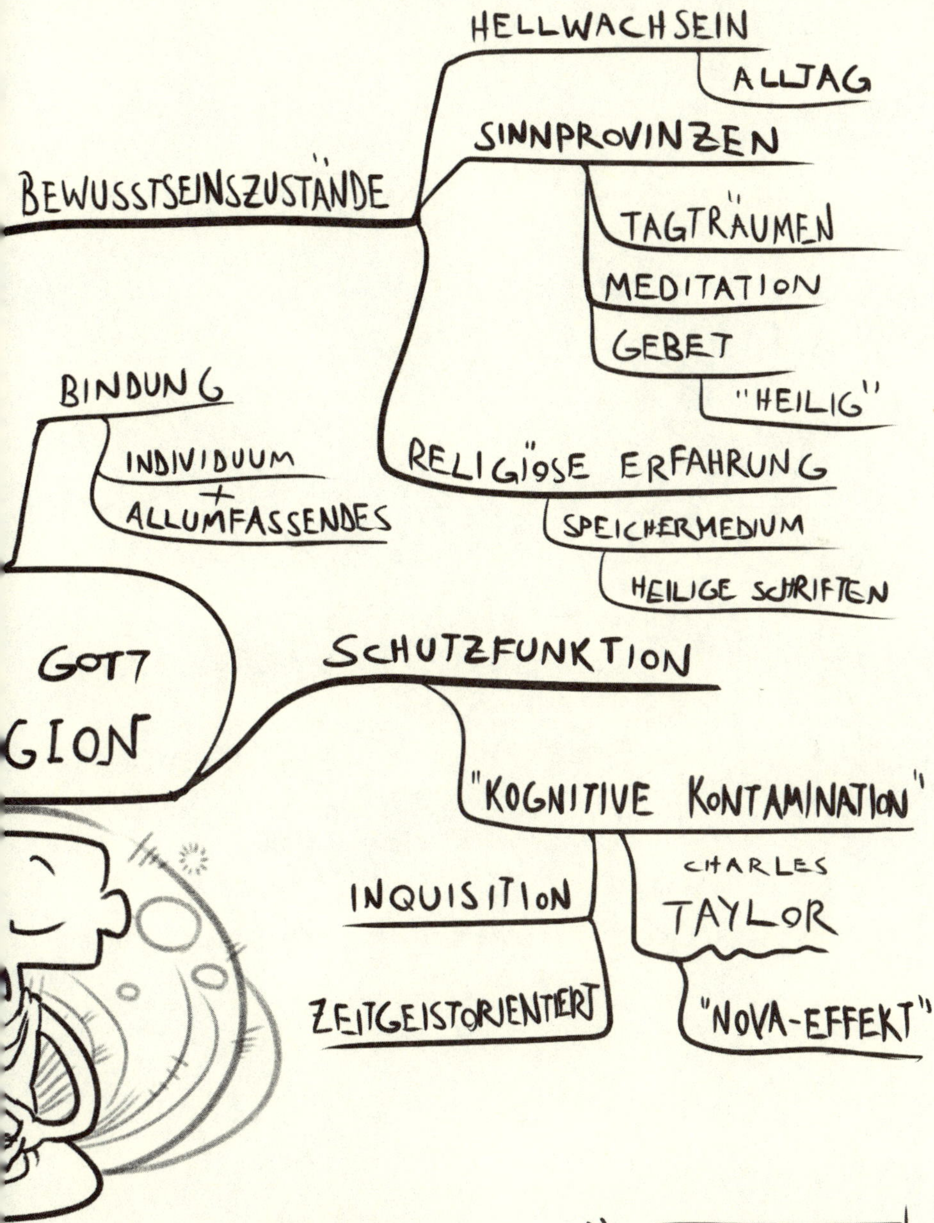

DURCH DIE MODERNE ÄNDERTE SICH DIE ROLLE DER RELIGION; SIE KANN DIE MODERNE BEKÄMPFEN, SICH IHR ANPASSEN ODER SIE TOLERIEREN

RELIGIOSITÄT IST HEUTE WAHLBEDINGT UND NICHT IN DIE WIEGE GELEGT

EPILOG

Patrick Breitenbach: Unser Gespräch geht nun dem Ende entgegen. Vielleicht nutzen wir die letzten Seiten, um ein kurzes persönliches Resümee zu ziehen?

Nils Köbel: Gerne.

Patrick Breitenbach: Vielleicht kann noch mal jeder für sich seine persönliche Erkenntnis aus diesem Buch zusammenfassen, und die Leserin oder der Leser kann auch noch mal durchschnaufen und sich dazu seine Gedanken machen. Magst du beginnen?

Nils Köbel: Na gut, mal sehen. Zu Beginn haben wir uns ja mit der Frage beschäftigt, was eine Person, ein Individuum ausmacht, und sind auf den Begriff der Identität gekommen als immerwährende Suche nach unserem wahren Selbst. Wer bin ich wirklich? Warum bin ich hier? Wer kann und will ich sein?

Und ich glaube, dass alle Themen, die wir danach diskutierten – von Erziehung, Bildung, Familie und Freundschaft, über die Frage nach dem Guten und dem Bösen, bis hin zu Demokratie und Religion –, im Grunde immer Ausdruck dieser grundlegenden Frage nach uns selbst sind. Es geht eigentlich immer darum, was für ein Selbstverständnis wir haben, welchen Platz wir uns in dieser Welt zuweisen und welchen Sinn wir in unserer Existenz sehen.

Vor diesem Hintergrund würde ich gerne noch einmal Kant zitieren, der sagte, dass die großen Fragen der Menschheit letztendlich immer auf drei grundlegende hinauslaufen: Was kann ich wissen? Was soll ich tun? Was darf ich hoffen?

Die Philosophie, die Wissenschaften und die Religionen werden immer wieder diese Fragen bearbeiten, weil sie zwangsläufig aus unserer Bewusstseinsfähigkeit hervorgehen. Und diese Fragen werden niemals abschließend beantwortet werden. Gut für uns, dann wird's uns nie langweilig.

Patrick Breitenbach: Sehr schön zusammengefasst.

Nils Köbel: Danke. Was ist dein Resümee?

Patrick Breitenbach: Für mich zieht sich ganz klar das Thema Bildung wie ein roter Faden durch dieses Buch und zugleich durch die Antwort auf die Frage nach einem gelungenen Dasein hier auf diesem hochkomplexen Planeten. Wir sind lernende und lehrende Wesen zugleich. Wir können gar nicht anders.

Einerseits lernen wir ständig von anderen Menschen – meist durch Imitation. Dazu suchen oder bekommen wir vielmehr eine breite Palette an Vorbildern. Überall dort, wo menschliches Verhalten und Reflexion über Verhalten stattfindet. Wir lernen von unseren Eltern, von unseren Freunden, von Bezugspersonen in erzieherischen Einrichtungen, durch Medien und all die Begegnungen und Erfahrungen, die wir als Menschen machen. Die Qualität der Bildung hängt also unmittelbar zusammen mit der Qualität unserer Vorbilder und der Qualität ihres Verhaltens.

Zudem sind wir dazu in der Lage, diesen Lernvorgang zu durchschauen und somit auch aktiv mit einem »Nein« zu durchbrechen. Erst das »Nein« sagen können macht eine derart rasante Weiterentwicklung und das Ausbrechen aus starren Strukturen überhaupt erst möglich.

Dabei ist es nicht ganz unwichtig, in welcher Lebensumgebung wir uns gerade befinden. Wir, in einem technologisch hoch entwickelten Land, einem Rechtsstaat, in dem seit vielen Jahrzehnten Frieden herrscht und in dem theoretisch niemand Hunger leiden muss, haben immer sehr leicht reden, wenn es um Bildung geht. Andererseits ist es vielleicht gerade unsere Pflicht, weil es uns so gut geht, Bildung voranzutreiben.

Zugleich steigt mit dem Wohlstand für mich ganz persönlich auch die Verantwortung für andere Menschen auf diesem Planeten. Ich habe das Gefühl, unsere Gesellschaft befindet sich derzeit in einer Art Pubertät. Wir sind kurz davor, erwachsen zu werden und Verantwortung für diesen Planeten und allen darauf befindlichen Lebewesen zu übernehmen, doch oftmals macht uns unser altes Programm des kindlichen Egozentrismus einen Strich durch die Rechnung. Wir wissen und sehen im Grunde, was vernünftig ist und was nicht, und fallen dennoch immer wieder in jugendlich-leichtsinnige Verhaltensweisen zurück. Wir verschwenden Ressourcen, wir beuten direkt oder indirekt andere Lebewesen aus, nur damit wir uns kurzfristig gut fühlen.

Erwachsensein bedeutet oftmals auch Verzicht zugunsten eines anderen. Wer selbst Kinder hat, wird diesen Zustand sehr gut kennen. Man stellt sein bisheriges Leben komplett um, damit man für die neuen Erdlinge da sein kann. Man verzichtet eben auch, weil man plötzlich unmittelbar die Zukunft vor sich sieht und am Ende sich eigentlich immer eine gelungene Zukunft wünscht.

Nils Köbel: Ein sehr gutes Plädoyer, man sieht, dass das Nachdenken über uns direkt auf die Frage hinausläuft, wie wir mit uns und den anderen Bewohnern unseres Planeten zusammenleben wollen. Die Beschäftigung mit der Welt und mit uns selbst sind zwei Seiten der gleichen Medaille.

Patrick Breitenbach: In diesem Sinne vielleicht bis zum nächsten Buch.

DANKSAGUNG

Wir danken unserer Lektorin Mareike Neukam für ihre großartige Unterstützung und den großen Mut, unseren Soziopod Podcast aufs Papier zu bringen. Einen fantastischen Job hat Tobias Schumacher-Hernández gemacht, der unsere Texte gründlich korrigiert und sorgfältig nachrecherchiert hat. Danke an Maximillian John, der viele Stunden damit verbracht hat, den größten Teil unserer Gespräche tapfer und sorgfältig zu transkribieren. Danke auch an Michael Karbacher für die Transkription des allerersten Kapitels. Danke für Larissa Laubachs Neugier und Geduld beim Lesen und Hören unserer Kapitel. Vielen Dank an Isabella Blatter für die wunderbaren Illustrationen unserer Denker und natürlich an Sven Sönnichsen für die fabelhaften Mindmaps, die dieses Buch unglaublich bereichert haben. Und selbstverständlich ein großes Dankeschön an alle unsere Hörerinnen und Hörer, die den Soziopod im Laufe der Jahre weiterempfohlen, begleitet, unterstützt und kritisch kommentiert haben.